地球市民の人権教育

15歳からのレッスンプラン

肥下彰男・阿久澤麻理子 編著
協力（一財）アジア・太平洋人権情報センター

解放出版社

はじめに

　ある生徒が人権意識アンケートに「ゴキブリみたいに日本に住みつく連中は早く自分の国に帰れ！」と書いたのは8年前のことでした。事情を聞くと、その生徒は自宅でほとんどの時間をネットの世界に浸り、ネット上に氾濫する特定の民族に対する憎悪に満ちた情報に大きく影響を受けているようでした。「きみの言う○○人は今日も一緒に授業を受けているクラスメイトの一人かもしれないよ」と話すと、とても驚いた様子でした。当時は彼のような生徒をリアルで豊かな人間関係の世界に誘い、歴史的な「事実」を共に学んでいくことが、人権学習の道筋でした。ところが、その数年後にこのネット上の憎悪表現が白昼堂々とリアルな路上に撒（ま）き散らされる事態に私たちは直面することになりました。
　このような事態に直面しているのは日本だけではありません。グローバル化は人とモノが自由に国境を越える環境をつくりだしましたが、同時に格差を増大させ、排外主義をも亡霊のごとく復活させたのかもしれません。そこで、本書は「二度まで言語に絶する悲哀を人類に与えた戦争の惨害」を経て、国際社会が模索し続けてきた国際人権基準に人権教育の道筋を見出そうと考えました。そして、次に提起するように、日本の人権諸課題に向き合い、行動する地球市民の育成のために本書のレッスンプランを作成しました。

(1) 世界人権宣言にカタログ（リスト）として示されている世界中すべての人が有する権利を学び、それらを自分たちが生活する「国」が制度としてどう保障しているかをチェックし、すべての人の権利保障のために行動する。

(2) 「国」が権利を保障することを「とりこぼしやすい」人たちのために、国際社会がとり決めた人権条約を学び、自分たちの社会で、それらの人びとの権利保障のために行動する。

　本書では、(1) については、「人権って何？」「刑罰と人権——死刑制度を考える」で世界人権宣言とともに日本国憲法第三章から人権を保障する「名宛人（なあてにん）」は国であることを学習します。(2) については、他のレッスンプランでそれぞれ障害者権利条約・子どもの権利条約・女性差別撤廃条約・人種差別撤廃条約・ILO条約・難民条約を学習します。(1) であげたどちらかを学習してから、(2) のレッスンプランを学習することをお勧めします。
　本書は15歳からのレッスンプランとしましたが、2018年度から小学校で、中学校では2019年度から「道徳」が特別の教科として完全実施されます。新しく発表された学習指導要領の中学校編「C 主として集団や社会との関わりに関すること」で示されている ［遵法精神、公徳心］［公正、公平、社会正義］［社会参画、公共の精神］は本書と項目的に重なります。今後作成される道徳科の教科書と本書とをぜひ、比較検討してほしいと思います。また、高校や大学でも人権学習に役立つことを願っています。

　　2015年8月　　　　　　　　　　　　　　　　　　　　　　　　　　　　肥下彰男

地球市民の人権教育──15歳からのレッスンプラン…もくじ

はじめに　3

国際人権を学ぶ……阿久澤麻理子　7
　1　権利を学ぼう　7
　2　人権を《国際基準》で考えよう　10
　資料　人権教育および研修に関する国連宣言　17

条約豆知識　20

レッスンプラン

世界人権宣言
人権って何？……阿久澤麻理子　22
　ステップ①…人権のカタログをつくろう　22
　ステップ②…世界人権宣言と比べてみよう　24
　ステップ③…人権の名宛人は誰？　24
　ステップ④…ふりかえり　24
　世界人権宣言のシート　27
　解説　32

障害者権利条約
同じ「権利」を実現するために……松波めぐみ　34
　ワークシート　"あってはいけない"こと？　それとも"しかたがない"こと？　39
　障害者の権利カード　43
　コラムA　「障害」という表記について　松波めぐみ　46
　コラムB　「私たち抜きに、私たちのことを何も決めないで！」　松波めぐみ　47
　解説　48

子どもの権利条約
子どもの権利──リアルストーリーで考えよう……肥下彰男　50
　ステップ①…子どもの権利を考える新聞記事　50
　ステップ②…「ハシナとジュンのストーリー」から考える　51
　子どもの権利を考える新聞記事　53
　ワークシート①　これってどうなの？　新聞記事　56
　ハシナとジュンのストーリー　57
　ワークシート②　ハシナとジュンのストーリーから考えよう　59

子どもの権利条約カード　60
　　解説　62
　　コラム　子どもの声を聴く　徳丸ゆき子　66

女性差別撤廃条約
ジェンダーとは？──「私らしさ」を大切にするために……三輪敦子　67
　　ステップ①…自分らしさへの第一歩：ジェンダーについて知ろう　68
　　ステップ①の解説　70
　　ステップ②…ジェンダー経験を探ってみよう　72
　　ステップ②の解説　73
　　資料　ジェンダーとは？　75
　　ワークシート　あなた自身のジェンダー経験を探る　76
　　解説　77

国際人権規約／子どもの権利条約
「名前」を大事にしようよ──外国にルーツをもつ人たちの人権……朴君愛　80
　　名前をめぐる出来事①　82
　　名前をめぐる出来事②　83
　　名前をめぐる出来事③　84
　　資料①　関連する国際基準（抜粋）　85
　　資料②　統計で見る在日外国人　85
　　解説　86

人種差別撤廃条約
差別をキックアウト！──フェアプレーのルールを社会へ広げよう
　　　　　　　　　……藤本伸樹・肥下彰男・阿久澤麻理子　91
　　ステップ①…サッカーと人種差別を考える　91
　　資料①　"JAPANESE ONLY（日本人に限る＝外国人お断り）"横断幕　93
　　資料②　人種差別主義及び人種差別撲滅に関する決議（抜粋）　94
　　解説　95
　　ステップ②…日本全体がスタジアム！ ヘイトスピーチにレッドカードを　97
　　資料③　イラスト「日本中がスタジアムだったら」　100
　　解説　101
　　コラム　京都朝鮮学校襲撃事件裁判が切り開く共生へのスタートライン　山本崇記　104

ILO 条約
国際労働基準で社会を変えよう！
──条約カードを使った権利学習……肥下彰男　105
- ワークシート①　こんな社長（雇い主）にはこのカードを出そう！　108
- ワークシート②　日本はどうして批准しないの？　110
- ILO 条約カード　111
- 解説　116

死刑廃止条約
刑罰と人権──死刑制度を考える……阿久澤麻理子　123
- ステップ①…日本国憲法の人権条項に、刑事手続きにかかわるものがあることを知ろう　124
- ステップ②…刑罰がなんのためにあるのかを考えよう　124
- ステップ③…「死刑制度」をめぐる意見を知る　126
- ステップ④…「死刑制度」をめぐる世界の状況を知る　128
- 解説　130
  - **コラム**　歴史から考える、日本の刑罰観の変化　阿久澤麻理子　132

難民条約
国境を越えた人権基準──難民問題と私たち……山中信幸・肥下彰男　133
- ステップ①…「難民」問題とは何か　133
- ステップ②…「迫害」とは何か　134
- ステップ③…日本における難民保護について　135
- ワークシート①　クイズで考えよう　138
- クイズの解答　139
- ワークシート②　「迫害」って何？　141
- 資料①　「迫害」について　142
- 資料②　日本における難民認定審査　143
- 資料③　ケーススタディ…ビルマ難民・マウンマウンさん　144
- ワークシート③　難民アートから考えよう　145
- ふりかえりシート　146
- 解説　147
  - **コラム**　私たちの出会った難民と支援　田中恵子　149

おわりに　150

　　　　　装画　アルマンド・リドン-パラガット　Armando Lidon-Paragat
　　　　　アーティスト、人権活動家。現在、アムネスティ・インターナショナル・フィリピン職員。装画にこめたメッセージ「自らの権利を知り、自己決定できるようになることは、生き方と暮らしを変えることにつながるでしょう」

国際人権を学ぶ

■ 1…権利を学ぼう

●権利を学ぶことはエンパワメント──編著者の一人としての思い

　三十数年も前のことですが、法学部の学生であった私は、憲法を読み、国際人権法を学びながら、そこに自分の権利が書かれているという感覚や、心おどるようなエンパワメントを経験した記憶が恥ずかしながらありません。なんといっても不勉強な学生であったことに加えて、法解釈が中心で、学んだことが自分の経験や実感と結びつかず、リアリティを欠いたままだったからでした。

　私が人権に出合い直したのは、人権のために行動する、多くの人びととの出会いを通じてでした。日本国内では部落解放運動、在日外国人、女性、障害者の権利の実現を求めて運動する人びと、そして身近なアジアの国々で民主化のために運動する人びととの姿を通じて、人がみずからの権利を知り、権利の主体として、その実現のために行動することは人間性の回復であり、社会を変えることにつながるのだと、腑に落ちたのでした。また、自分の権利を知ることは「自分自身が権利をもつ大切な存在」であり、「社会の一員」だと気づく、エンパワメントのプロセスであると気づきました。

●人権教育なのに──権利を教えることに消極的なのは、なぜ？

　人権教育というからには、人間としての権利について教え、学ぶことは、その中核です。2011年12月、国連総会で採択された「人権教育および研修に関する国連宣言」(17頁の資料) の第1条1項は、こう始まります──「すべての人は、人権と基本的自由について知り、情報を求め、手に入れる権利を有し、また人権教育と研修へのアクセスを有するべきである」。誰もが自分自身が有する人権と基本的自由について知ることは、権利なのです。

　それなのに、人権教育や啓発の現場で、「権利を学ぶこと」がなかなか実践されないのはなぜでしょうか。例えば学校では、「子どもに権利を教えるのはまだ早い」とか「権利を教えると、わがままが助長される」といった考えが根強いようです。子どもが具体的な権利を学べば、それを「ものさし」として身近な暮らしを見直すようになるでしょう。だから、「学校や教師に対して子どもが批判的になるのではないか……」という心配もあるようです。その結果、人権教育といいながら権利を教えることに消極的になり、「思いや

り」「やさしさ」「いたわり」といった「価値」を教えることにとどまってしまうのではないでしょうか。

● 権利を学ぶことは、社会のなかで「公的に」問題を解決する力をつけること

　もちろん、ほかの人を思いやり、困っている人に手を差し伸べることは、人として大切なことです。しかし「思いやり」「やさしさ」「いたわり」といった価値を教えるだけでは、人権教育とはいえません。こうした価値は、市民相互の私的な人間関係のなかで、各人の「心のありよう」により、問題を解決することを促しますが、人権を実現する公的機関の責務や、法・制度による解決の重要性を伝えてはいません。人権教育では、民主主義のプロセスを通じて、人権が実現される社会を確立することをめざします。

　さらに、人権問題を私的な解決へと方向づけるやり方は、実は、小さな政府と自己救済、自己責任が強調される「ネオリベラルな社会」に高い親和性があることにも注意が必要です。ここ数年の、各地の自治体による市民人権意識調査の結果をみると、「権利主張より、思いやりや義務を果たすことを教えて、問題を解決すべき」とか「能力主義による格差はしかたない」と考える市民が圧倒的多数を占めるようになり、その一方で、「人権問題を法・制度の確立を通じて、公的に解決しよう」と考える人が、むしろ少数派となっていることが気になります[注1]。だからこそ、人権教育によって、人権は抽象的な価値ではなく、世界的に合意された基準があることを知り、それを実現する社会的なメカニズムや方法について知ることは、重要な取り組みなのです。

● パターナリズム（保護主義）の落とし穴

　ところで、「思いやり」「やさしさ」「いたわり」を強調することには、注意すべき点がもう一つあります。「思いやり」を強調する教育・啓発は、「弱者に対する配慮」や「温かな人間関係」による問題解決を理想として描き出しますが、一方で、「弱者とされる側」がみずから権利を主張したり、その実現を求めて立ち上がるような争議性のある問題解決のシーンを取り上げようとはしません。人権の歴史は、差別や抑圧、社会的排除に対して「人間らしく生きたい」と声をあげ、立ち上がった人びとの運動によって、前進してきたことを忘れてはならないでしょう。

　また、「思いやり」「やさしさ」「いたわり」という言葉のかげに、「自分より弱い誰か」を「強者である自分」が助けてあげよう、というパターナリスティック（保護主義的）な気持ちが隠れていないでしょうか。「弱者を守ってあげる」ことが人権だと言いながら、例えば女性、子ども、障害者、高齢者などが人権の主体であり、自己決定の権利をもつということを忘れてはいないでしょうか。

　「私たち抜きに、私たちのことを何も決めないで！」（Nothing about us, without us！）と

注1…阿久澤麻理子「部落問題とその解決に対する市民意識の現状─自己責任論の台頭と、公的な問題解決に対する信頼の低下をめぐって」大阪市立大学人権問題研究センター『人権問題研究』12・13合併号、P61-76、2013年。

いう言葉は、国連で障害者権利条約が審議された際に、障害当事者から繰り返し提起されたスローガンでした。障害者が保護の対象にされ、自己決定の権利を奪われてきたことへの、強烈な問題提起です。誰もが、自分にかかわる重要な決定をおこなうこと、決定のプロセスに参加することは権利なのです。

● 「ここには、私の権利が書かれているから」

　1986年、フィリピンのピープルパワー革命によるマルコス退陣を皮きりに、アジアでも民主化運動が広がりを見せます。1990年代に入り、こうした国々を訪れた私が強く印象づけられたことがあります。それは、「権利を学ぶ」人権教育が活発におこなわれていたことでした。軍事政権や独裁政権を経験した人びとは、そうした時代の人権侵害を二度と国が繰り返すことがないように人権を学び、そして民主化後の社会の一員として、人権の実現を国に求めていこうとしていました。そこで、NGOや草の根組織が中心となって、各地で数多くの人権教育のプログラムがおこなわれていました。90年代の半ば、フィリピンの地方の小さな村で、地元の草の根組織が主催する学習会で、「国際人権規約」に何が書かれているかと、集まって学んでいる「普通の」人びとの姿に驚きました。日本ではそうした場面になかなか出合うことがなかったからです。「なぜ、みなさんは国際的な人権条約を勉強しているのですか」と尋ねた私に、参加者の女性はこう答えました。「ここには私の権利が書かれているからです」。

　私がかつて教室のなかで学んだ「世界人権宣言」や「国際人権規約」は、私の権利が書かれたものだ、という当たり前のことに、私はそのとき気づかされたのです。東南アジアや南アジアでは、「ストリート・ロー」（「路上の法律学習」の意味で、日常にかかわる人権と法律の学習プログラム）や「パラリーガル」（法的な訓練を受け、草の根の人権擁護のために活動するコミュニティ・ワーカー）養成などの活動にも出合いました。いずれも法的な権利を人びとの暮らしのなかで守るための活動です。

　日本では権利学習が低調だと書きましたが、こうした権利を基盤にすえた学習は、労働者の権利教育を通じて始まっているといってもよいでしょう。2008年、厚生労働省が立ち上げた「今後の労働関係法制度をめぐる教育の在り方に関する研究会」が今日の労働環境をふまえ、とくに高校における、労働関係法制度をめぐる教育の必要性を提起しました。各地の自治体、教育委員会、学校でも、労働者の権利教育への取り組みが広がり、雇用環境の悪化のなかで、非正規就労を強いられる若者に、みずからを守るための実践的知識を伝える活動が始まっています。[注2]

注2…例えば橋口昌治・肥下彰男・伊田広行『〈働く〉ときの完全装備―15歳から学ぶ労働者の権利』解放出版社、2010年。笹山尚人『労働法はぼくらの味方！』岩波ジュニア新書、2009年。道幸哲也『教室で学ぶワークルール』旬報社、2012年。

■2…人権を《国際基準》で考えよう

●あなたの権利はどこに書かれているのでしょうか？

　権利学習が大切だと述べてきましたが、それでは「あなたの人間としての権利は、いったいどこに書かれていますか」と質問されたら、あなたはどう答えますか。先ほど、フィリピンの女性の声を紹介しましたが、あなたなら、どう答えるでしょうか。

　まずは「憲法」を思いつく人が多いのではないでしょうか。日本国憲法の第三章「国民の権利および義務」（10〜40条）は基本的人権のカタログ（リスト）です。でも、「国民の」という文言が気になりますね。最高裁判所の1978年マクリーン事件判決は、憲法第三章の「基本的人権の保障は、権利の性質上日本国民のみをその対象としていると解されるものを除き、わが国に在留する外国人に対しても等しく及ぶものと解すべき」としました。原則として日本の憲法は、外国人の基本的人権を保障しています。

　しかし、憲法の理念は、必ずしもストレートに現実の社会のなかで実現されてきたわけではありません。現実の政策や制度との間には、ギャップがあります。

　例えば、日本の社会保障制度は、長い間、原則として外国人を排除してきました。納税の義務は負わせていたにもかかわらず、です。児童手当の支給や国民年金制度の国籍条項が撤廃されたのは1982年、国民健康保険は1986年のことです。これが可能になったのは、日本が1979年に国際人権規約、1981年に難民条約の締約国となったからでした。これらの条約が、社会保障制度の内外人平等の原則を求めていたからです。

　国際人権規約や難民条約は、国連で採択された「国際人権条約」です。こうした人権条約の締約国になると、そこに書かれていることを国は実現しなければなりません。人権条約の数かずも、私たちの権利のカタログですが、それは憲法とどのように違い、私たちの人権状況をどう変えるのでしょうか。

●国際人権条約とは？

　人間が人間らしく生きていくために必要な権利が人権です。人権は、18世紀末のアメリカ諸州の憲法や、フランスの人権宣言を経て、各国の憲法に記されました。しかし、それは「国」の枠にとどまるもので、人権は国がその国民に保障するものにすぎませんでした。国境の向こうの、はるか遠くにいる人たちは、同じ権利をもつ人びととは考えられていなかったのです。だからこそ、植民地支配の対象としたのです。

　また、ヨーロッパのほとんどの国には、民族的・文化的・宗教的少数者が存在していましたが、このような人びとの人権も、その生活の場がある「国」によっては十分保障されていませんでした。しかし、こうした問題に他国や国際組織が口出しすることは内政干渉（他国の政治に介入すること）だと考えられていました。

　そうした考え方を大きく変えたのが、二度の世界大戦でした。とりわけ第二次大戦では、兵士だけでなく、戦場となったヨーロッパやアジアで一般市民が戦闘に巻き込まれ、

一説では6,000万人を超えるともいわれる人びとが命を落としました。逆説的ではありますが、このような無差別・大量殺戮の経験が、人間の尊厳と、人権の重要性を私たちに認識させたのです。

また、第二次大戦中、ナチスがユダヤ人の迫害をおこなっていたことは周知のことでしたが、国家主権を理由に、国際連盟は介入することができませんでした。そこで戦後は、平和で安全な国際社会をつくるためには、人権の保障を各国任せにしておくだけでは不十分であり、国際的に取り組んでいく必要がある、と考えるようになったのです。

こうして1945年に設立された国際連合では、人権が平和の基礎であると位置づけられ、加盟国は人権を守るために独自に、また共同して行動するよう国連憲章によって義務づけられました。また、すべての国によって守られるべき人権の基準を明らかにした、世界人権宣言が国連総会において1948年12月10日に採択されました。世界人権宣言は、文字どおり「すべて」の人が——人種、皮膚の色、性、言語、宗教、政治上その他の意見、国民的もしくは社会的出身、財産、門地その他の地位などによる差別を受けることなく——保障されなければならない権利のカタログです。

●どんな条約があるのでしょうか？

しかしながら世界人権宣言は「宣言」であり、国に対してなんらかの法的な義務を課すものではありませんでした。そこで、国連では人権基準を一定の法的拘束力をもつ「条約」にする作業に着手しました。条約とは、国同士、あるいは国連などの国際機関と国家の間で結ばれる文書による合意のことで、合意をした国はこれによって拘束されます。そこで、人権のリストを条約にして、各国がその内容に合意をする手続き（この手続きは「批准」とか「加入」などと呼ばれます）をとれば、リストに盛り込まれた人権を保障する義務を各国に課すことができるのです。

世界人権宣言に盛り込まれた諸権利は、その後、「国際人権規約」という国際人権条約になりました。国際人権規約には、「経済的、社会的及び文化的権利に関する国際規約」（社会権規約）と、「市民的及び政治的権利に関する国際規約」（自由権規約）があります。

また、個別領域でも人権基準の条約化が進みました。ジェノサイド（集団殺害）の禁止、拷問の禁止、人種差別の禁止、強制失踪からの保護のほか、子ども、女性、難民、移住労働者、障害者の権利保障などの領域へと条約化が進みました。

日本が締約国になっている条約は、表1のとおりですが、国際人権条約の締約国になることには、どんな意味があるのでしょうか。2国間の取り決めなら、2カ国が相互に拘束されるだけですが、国際人権条約は多国間条約で、これは国際社会全体で尊重されるべき基準ですから、その締約国になることは、「その国の政府が、自国の国民と、自国領域内に住むすべての人に、その条約に盛り込まれている権利を保障することを国際社会に対して約束する」ということを意味しています。

例えば、日本が「女子に対するあらゆる形態の差別の撤廃に関する条約」（女性差別撤廃条約）の締約国であるということは、日本が自国の領域内のすべての人に対してこの基準

を適用することを、この条約の締約国になっているすべての国々（日本をのぞけば187カ国）に対して約束していることと同じなのです。

なお、表1では、国連総会で採択された条約を示しましたが、国際労働機関（ILO）の国際労働総会（使用者・労働者・政府の三者構成です）が採択する国際労働基準の条約や勧告も、労働における人権の実現、ディーセント・ワーク（働きがいのある人間らしい仕事）の実現に重要な役割を果たします。なかでも、4つの分野（「結社の自由及び団体交渉権」「強制労働の禁止」「児童労働の実効的な廃止」「雇用及び職業における差別の排除」）にかかわる8条約は、「中核的労働基準」（表2）と呼ばれます。日本はそのうち6つを批准していますが、グローバル化の進む今日、批准の有無にかかわらず、これらはILO加盟国として、最低限順守すべき基準とされています。

表② 中核的労働基準

分野	条約	日本の批准
結社の自由及び団体交渉権	87号（結社の自由及び団結権の保護に関する条約）	○
	98号（団結権及び団体交渉権についての原則の適用に関する条約）	○
強制労働の禁止	29号（強制労働に関する条約）	○
	105号（強制労働の廃止に関する条約）	
児童労働の実効的な廃止	138号（就業が認められるための最低年齢に関する条約）	○
	182号（最悪の形態の児童労働の禁止及び廃絶のための即時行動に関する条約）	○
雇用及び職業における差別の排除	100号（同一価値の労働についての男女労働者に対する同一の報酬に関する条約）	○
	111号（雇用及び職業についての差別待遇に関する条約）	

●暮らしを変える国際人権条約

日本が国際人権条約の締約国になると、条約に書かれていることを実現する責務が国に生じます（憲法第98条2項：「日本国が締結した条約及び確立された国際法規は、これを誠実に遵守することを必要とする」）。そこで、法律のなかに条約と矛盾するものがあれば、これを改正する必要が生じます。日本が締約国となった条約は、一般的に、右の図のように位置づけられます。

先ほど、国際人権規約と難民条約の締約国となったことによって、在日外国人を排除してきた日本の社会保障制度が大きく変化したことを紹介しましたが、国内の人権保障の水準が、国際人権条約よりも低い場合には、条約の締結は、国内の人権状況が改善されることにつながります。

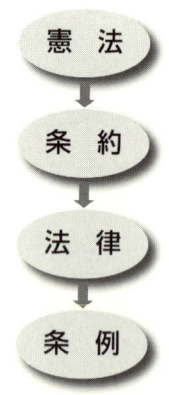

例えば1985年の女性差別撤廃条約批准では、3つの領域（労働、国籍、教育）に変化をもたらしました。まず雇用の分野で、働く女性と男性との間にある雇用上の差別をなくすために「男女雇用機会均等法」（旧正式名称：雇用の分野における男女の均等な機会及び待遇の確保等女子労働者の福祉の増進に関する法律）が立法されました。これは私が社会人となる直前のことで、労働者の募集においても女性と男性を均等に扱うことが採用者の努力義務とされたので（募集・採用・配置・昇進における差別の禁止規定は1997年の改正から）、それ以前のような「女性のみ」「男性のみ」ではない求人を見て、差別が解消されていくことに期待をふくらませたことが思い出されます。

表① 国連が中心となって作成した人権関係諸条約一覧

(2016年10月1日現在)

	名称	採択年月日	発効年月日	締約国数	日本が締結している条約（締結年月日）
1	経済的、社会的及び文化的権利に関する国際規約	1966.12.16	1976. 1. 3	164	○（1979. 6.21）
2	経済的、社会的及び文化的権利に関する国際規約の選択議定書	2008.12.10	2013. 5. 5	21	
3	市民的及び政治的権利に関する国際規約	1966.12.16	1976. 3.23	168	○（1979. 6.21）
4	市民的及び政治的権利に関する国際規約の選択議定書*	1966.12.16	1976. 3.23	115	
5	市民的及び政治的権利に関する国際規約の第2選択議定書（死刑廃止）*	1989.12.15	1991. 7.11	83	
6	あらゆる形態の人種差別の撤廃に関する国際条約	1965.12.21	1969. 1. 4	177	○（1995.12.15）
7	アパルトヘイト犯罪の禁止及び処罰に関する国際条約*	1973.11.30	1976. 7.18	109	
8	スポーツ分野における反アパルトヘイト国際条約*	1985.12.10	1988. 4. 3	60	
9	女子に対するあらゆる形態の差別の撤廃に関する条約	1979.12.18	1981. 9. 3	189	○（1985. 6.25）
10	女子に対するあらゆる形態の差別の撤廃に関する条約の選択議定書*	1999.10. 6	2000.12.22	107	
11	集団殺害罪の防止及び処罰に関する条約*	1948.12. 9	1951. 1.12	147	
12	戦争犯罪及び人道に対する罪に対する時効不適用に関する条約*	1968.11.26	1970.11.11	55	
13	奴隷改正条約**				
	(1) 1926年の奴隷条約*	1926. 9.25	1927. 3. 9	-***	
	(1) 1926年の奴隷条約を改正する議定書*	1953.10.23	1953.12. 7	61	
	(2) 1926年の奴隷条約の改正条約**	1953.12. 7	1955. 7. 7	99	
14	奴隷制度、奴隷取引並びに奴隷制度に類似する制度及び慣行の廃止に関する補足条約*	1956. 9. 7	1957. 4.30	123	
15	人身売買及び他人の売春からの搾取の禁止に関する条約	1949.12. 2	1951. 7.25	82	○（1958. 5. 1）
16	難民の地位に関する条約	1951. 7.28	1954. 4.22	145	○（1981.10. 3）
17	難民の地位に関する議定書	1967. 1.31	1967.10. 4	146	○（1982. 1. 1）
18	無国籍の削減に関する条約*	1961. 8.30	1975.12.13	68	
19	無国籍者の地位に関する条約*	1954. 9.28	1960. 6. 6	89	
20	既婚婦人の国籍に関する条約*	1957. 1.19	1958. 8.11	74	
21	婦人の参政権に関する条約	1953. 3.31	1954. 7. 7	123	○（1955. 7.13）
22	婚姻の同意、最低年齢及び登録に関する条約*	1962.11. 7	1964.12. 9	55	
23	拷問及びその他の残虐な、非人道的な又は品位を傷つける取扱い又は刑罰に関する条約	1984.12.10	1987. 6.26	159	○（1999. 6.29）
24	拷問及びその他の残虐な、非人道的な又は品位を傷つける取扱い又は刑罰に関する選択議定書*	2002.12.18	2006. 6.22	82	
25	児童の権利に関する条約	1989.11.20	1990. 9. 2	196	○（1994. 4.22）
26	武力紛争における児童の関与に関する児童の権利に関する条約の選択議定書	2000. 5.25	2002. 2.12	165	○（2004. 8. 2）
27	児童売買、児童買春及び児童ポルノに関する児童の権利に関する条約の選択議定書	2000. 5.25	2002. 1.18	173	○（2005. 1.24）
28	通報手続に関する児童の権利に関する条約の選択議定書	2011.12.19	2014. 4.14	29	
29	全ての移住労働者及びその家族の権利保護に関する条約*	1990.12.18	2003. 7. 1	48	
30	障害者権利条約*	2006.12.13	2008. 5. 3	167	○（2014.1.20）
31	障害者権利条約選択議定書*	2006.12.13	2008. 5. 3	90	
32	強制失踪からのすべての者の保護に関する国際条約	2006.12.20	2010.12.23	52	○（2009.7.23）

* 日本が未加盟の条約については仮称。
** 「1926年の奴隷条約を改正する議定書」により改正された「1926年の奴隷条約」が「1926年の奴隷条約の改正条約」である。締約国となる方法には、(1)改正条約の締結と、(2)奴隷条約の締結及び改正議定書の受諾との二つがある。
*** 国連ホームページ上に締約国数の記載のないもの。

(出典：一般財団法人アジア・太平洋人権情報センター)

また、「国籍法」が父系血統主義から父母両系主義となりました。それまでは、国際結婚をした夫婦の子どもは、父親が日本国籍でなければ原則、日本国籍を取得できませんでしたが、両親のいずれかが日本人であれば日本国籍が取得できるようになりました。
　さらに、学習指導要領では中学・高校家庭科が女子のみの必修から、男女共修へと変更されました。
　この条約をめぐる、オーストリアのできごとも紹介しましょう。ウィーンフィルハーモニー管弦楽団は、1842年創立以来、女性の団員を認めていませんでしたが、オーストリアが同条約を1982年に批准したことによって「困った」ことになりました。ウィーンフィルは政府補助金の支給を受けていたので、その「伝統」の変更を迫られたからです。当時の団長は、女性が産休をとれば、その欠員を埋める優秀な交代要員は簡単には見つからないし、長期間休んだ本人も最高水準の演奏をキープするのはむずかしい、と主張しました。しかしこのことは国民議会で問題になり、政府の補助金支給を取りやめるという話にまで発展したのです。そこでウィーンフィルでは投票を実施。結果は149対1……。こうして、1997年に初めて女性団員が誕生しました。ただし、残念ながらその後も女性はほんの数人しかステージに上がっていません。ウィーンフィルハーモニー管弦楽団の演奏をテレビで見るたびに、私は女性が何人いるかしら……と思わず目を凝らしてしまいます。

●前進したことだけでなく、これからの挑戦を知る

　このように、国際人権条約は、国内の人権状況を前進させます。人権状況の改善・前進を学ぶことによって、勇気づけられることでしょう。しかし、それだけではありません。日本がまだ締約国となっていない条約や、締約国となったものの、「留保」されている条文を学ぶことも、「いまだに実現できていない課題」、すなわちこれから挑戦すべきことがらを示してくれるでしょう。この本のレッスンプランは、こうした視点からも構成されています。
　ちなみに「留保」とは、国として条約全体の趣旨や目的には賛同するが、条約の特定の条項には拘束されたくない、という場合に、その特定の条項を自国に適用しないことや、または変更を加えて適用するという意思を示すことです。
　先ほど、日本の憲法は外国人の基本的人権も原則として保障している、と書きましたが、それならば「外国人を、日本から排斥してよい」などという考えは、受けいれられないはずです。それなのに、在特会（在日特権を許さない市民の会）による外国人排斥のシュプレヒコールを繰り返すデモが、どうして放置されているのでしょうか。もちろん、それを許容している市民の人権意識の問題であることはいうまでもありませんが、日本が「あらゆる形態の人種差別の撤廃に関する国際条約」（人種差別撤廃条約）の締約国となりながら、第4条（a）および（b）に留保を付していることも一因です。これらは、「人種的優

注3…第4条（a）「人種的優越又は憎悪に基づく思想のあらゆる流布、人種差別の扇動、いかなる人種若しくは皮膚の色若しくは種族的出身を異にする人の集団に対するものであるかを問わずすべての暴力行為又はその行為の扇動及び人種主義に基づく活動に対する資金援助の提供も、法律で処罰すべき犯罪であることを宣言すること」および（b）「人種差別を助長し及び扇動するその他のすべての宣言活動を違法であるとして禁止するものとし、このような団体又は活動への参加が法律で処罰すべき犯罪であることを認めること」により、あらゆる差別の唱道を犯罪として禁じている。

越又は憎悪に基づく思想のあらゆる流布」「人種差別の扇動」等に対して、処罰立法措置をとることを義務づけていますが、集会、結社の自由や表現の自由と抵触するという考え方から、日本政府は留保を付しています。人種差別は表現の自由なのでしょうか。表現の自由ではないとしたら、処罰すべきでしょうか。これらの条文は私たちに問いかけています。

また、国際人権規約（自由権規約）には2つの選択議定書（付属文書）がありますが、第2選択議定書は「死刑廃止条約」と呼ばれています。死刑制度が存置されている日本は、締約国ではありません。この選択議定書の締約国数は81（2015年4月15日現在）ですが、法律上、そして事実上死刑を廃止している国を合わせると、世界の3分の2を超えています。ヨーロッパでは、死刑を廃止しなければEUに加盟することはできません。生きることは、最も重要な人権ですが、その生命を国が奪うことが許されるのか、考えてみる必要があるでしょう。

●国際社会における人権教育のあゆみ

人権条約は、国連を中心に、戦後大きく発展してきましたが、条約をつくるだけでは不十分です。誰もがその内容を知り、国際基準を使って、生きやすい社会をつくるための態度やスキルを身につけることが重要です。そのためには、人権について学ぶこと、すなわち人権教育が必要です。

国際社会が、人権教育に本格的に着手したのは、東西冷戦が終わってからのことでした。かつてのイデオロギーの違いを超えて、すべての人権は世界中の誰にとっても大切なもの、すなわち普遍的価値をもつということが、1993年の世界人権会議で「再確認」されてからのことでした。

「人権教育のための国連10年」や「人権教育のための世界プログラム」などを経て、今、人権教育の原則は14条からなる「人権教育および研修に関する国連宣言」（17頁の資料）にまとめられるに至っています。

国連における主な取り組み——人権教育	
1993年	世界人権会議　ウィーン宣言及び行動計画
1995～2004年	人権教育のための国連10年
2005～2009年	人権教育のための世界プログラム　第一段階
2008～2009年	人権学習の国際年（2008年12月10日から1年間）
2010～2014年	人権教育のための世界プログラム　第二段階
2011年	人権教育および研修に関する国連宣言を国連総会が採択
2015～2019年	人権教育のための世界プログラム　第三段階

●「権利の保持者」と「責務の保持者」

さて、一連の取り組みの推移をみると、大変興味深いことに気づかされます。最初の「人権教育のための国連10年」は「あらゆる発達段階の人びと、あらゆる社会層の人びと」を対象とした包括的な取り組みであったので、これに続く「人権教育のための世界プログラム」では、数年で「段階」を区切り、その間、特に力を入れて取り組む領域を設定

しています。なかでも注目されるのは、第一段階（2005～2009年）から第二段階（2010～2014年）への、焦点の推移です。

　第一段階では「初等中等教育」に焦点を当てていましたが、学校で人権教育を実施すれば、将来その社会の担い手となる若い年代層すべてをカバーできます。つまり、第一段階は「市民を対象とした人権教育」に力を注いでいたということです。しかし、市民の権利意識が高まるだけで、それを実現する責務を有する者の応答力が高まらなくては、人権は絵に描いた餅になってしまいます。そこで第二段階では「教員・教育者、公務員、法執行官、軍関係者」、すなわち公権力を有する者や、幅広く「市民の人権を実現する責務を有する者」の「研修」に焦点を当てました。[注4] 2011年に採択された宣言のタイトルが、「人権教育および研修に関する国連宣言」であることにも、こうした意味があるのです。

　なかでも、市民の権利を実現する一義的責務は国にあるので（憲法や、国際人権条約の名宛人は国です）、その職員の研修は特に重要だということになります。教員もまた、児童・生徒・学生の権利を実現する一定の責務を有する立場にあります。教員は、学校で人権を教えることだけがその責務ではありません。子どもたちの人権を実現する責務の一端を担っている、という立場についても研修のなかで伝えていかねばなりません。

　日本の自治体は、市民を対象にした人権啓発事業を数多く実施し「市民相互に差別をしてはいけません」と呼びかけてはいるものの、みずからが「責務の保持者」であり、そのために人権研修が必要である、という視点は弱いのではないでしょうか。「人権教育のための世界プログラム」や「人権教育および研修に関する国連宣言」が示しているのは、市民の相互理解や、よき人間関係を築くという私的な問題解決を超えて、人権を実現する一義的責務が国や自治体にあり、人権が社会システムのなかで実現されるものだということなのです。

　ところで、2015年から「人権教育のための世界プログラム」第三段階が始まりました。第三段階の5年間は、メディア専門職とジャーナリストの人権研修の促進が焦点化されました。ただし、第一段階、第二段階の取り組みは終了したのではなく、引き続き継続・強化すべきものとされています。

　この本を通じて、あなたの権利、すべての人の権利とそれを実現するメカニズムを学び、考えていただければと思います。

〈阿久澤麻理子〉

注4…第二段階では加えて、「高等教育」も焦点化されていたが、やや位相が異なり、紙幅の関係からこの点については別稿に譲る。

資料　人権教育および研修に関する国連宣言

決議　66/137, A/RES/66/137　2011年12月19日

国連総会は、

人種、性別、言語、宗教に関わらず、すべての人の、すべての人権と基本的自由を尊重することを促進し、奨励するという、国連憲章の目的と原則をあらためて確認し、

すべての個人、社会のあらゆる機関が、人権と基本的自由の尊重を促進するための教育と学習に努力しなければならないことをあらためて確認し、

さらに、すべての人は教育への権利を有し、教育とは人格とその尊厳の自覚の十全な発達を目的とし、すべての人が自由な社会に効果的に参加することを可能にし、すべての国および人種的、民族的、宗教的集団相互の理解、寛容および友好関係を促進し、国連による平和と安全の維持、開発と人権の促進のための活動を奨励するものであることをあらためて確認し、

世界人権宣言、経済的、社会的および文化的権利に関する国際規約、およびその他の人権文書に明記されたとおり、人権および基本的自由の尊重の強化のための教育の確保が、各国の義務であることをあらためて確認し、

人権の促進、擁護、効果的な実現に貢献する、人権教育と研修の基本的重要性を確認し、

1993年にウィーンで開催された世界人権会議において、すべての国家と機関に対して、人権、人道法、民主主義および法の支配をすべての教育機関のカリキュラムに含めることが求められ、人権への普遍的なコミットメントを強化する目的で、共通の理解および意識を達成するため、国際的および地域的（regional）人権文書に明記された平和、民主主義、発展および社会正義を人権教育に含めるべきと明言されたことをあらためて確認し、

各国元首が、人権教育のための世界プログラムの実施を含めて、あらゆる段階において人権教育と学習を促進することを支持し、すべての国家がこれに関わる取り組みに着手することを奨励した、2005年の世界サミット成果文書を想起し、

すべてのステークホルダーによる、協同の取り組みを通じて、人権教育と研修に対するあらゆる取り組みを強化すべきであるとの強力なメッセージを国際社会に対して送りたいという望みに動機づけられ、

以下を宣言する。

第1条

1. すべての人は、人権と基本的自由について知り、情報を求め、手に入れる権利を有し、また人権教育と研修へのアクセスを有するべきである。
2. 人権教育と研修は、人権の普遍的、不可分、相互依存性の原則に則り、すべての人のあらゆる人権および基本的自由の普遍的尊重と遵守を促進するための基礎である。
3. すべての人権、特に教育への権利と情報へのアクセスを実効的に享受することが、人権教育と研修へのアクセスを可能にするものである。

第2条

1. 人権教育と研修とは、人権および基本的自由の普遍的尊重と遵守を目的に、人権の普遍的な文化を築き発展させることに人びとが貢献できるよう、エンパワーするための、あらゆる教育、研修、情報および啓発・学習活動から成る。それゆえ、人権教育は知識とスキルと理解を与え、態度と行動を育むことによって、とりわけ人権の侵害と乱用の防止に貢献する。
2. 人権教育と研修は、次のものを含む：
   （a）人権の規範と原則、それらを裏付ける価値、それらを擁護するためのメカニズムについての知識と理解を含む、人権についての教育
   （b）教育者、学習者双方の権利が尊重されるようなやり方で行われる学習と教育を含む、人権を通じての教育
   （c）自分の権利を享受し、行使し、そして他者の権利を尊重し守ることができるよう人びとをエンパワーすることを含む、人権のための教育

第3条

1. 人権教育と研修はあらゆる年齢の人びとに関わる、生涯にわたるプロセスである。
2. 人権教育と研修は社会のあらゆる部分、学問の自由が適用されるところではこれに留意しつつも、就学前教育、初等、中等、高等教育を含むあらゆるレベルにかかわり、また、公立か私立か、フォーマル、ノンフォーマル、インフォーマル教育のいずれかに関わらず、あらゆる形態の教育、研修、学習を含む。人権教育には、特に職業に関わる研修、とりわけ研修担当者、教師、国家公務員の研修、継続教育、民衆教育、広報と啓発活動が含まれる。
3. 人権教育と研修は、対象となる集団の特定のニーズや条件を考慮し、その集団にあった言語や方法によって行われるべきである。

第4条
人権教育と研修は、世界人権宣言と関連する条約や文書に基づき、次の目的のために行われなければならない。
　(a) 普遍的な人権の基準と原則に対する意識、理解、受容を高め、国際、地域（region）、国内のレベルで人権と基本的自由を保障すること
　(b) 誰もが他者の権利を尊重し、自分自身の権利と責任についても認識しているような、人権の普遍的な文化を築くとともに、自由で平和、多元的で誰も排除されない社会の責任ある一員として、人が成長するよう支援すること
　(c) 人権の効果的な実現を追求し、寛容、非差別、平等を促進すること
　(d) 質の高い教育と研修へのアクセスを通じて、すべての人が差別なく、平等な機会を保障されるようにすること
　(e) 人権の侵害と乱用の防止、およびあらゆる形態の差別、人種主義、固定観念化や憎悪の扇動、それらの背景にある有害な態度や偏見との戦いに貢献すること

第5条
1. 人権教育と研修は、それを提供したのが公的な主体か私的な主体かに関わらず、平等、人間の尊厳、包摂と非差別の原則、とりわけ少女と少年、女性と男性の間の平等に基づかなければならない。
2. 人権教育と研修は、誰もがアクセスすることができ、受けることができるものでなければならない。また、障がい者も含め、傷つきやすく不利益をこうむっている人や集団の直面している特定の課題、障壁、ニーズ、期待を考慮し、誰もが自分自身の有するすべての権利を行使することができるよう、エンパワメントと人間としての成長を助長し、排除や周縁化の原因を取り除くことに貢献するものでなければならない。
3. 異なる国々の文明、宗教、文化、伝統の多様性は人権の普遍性の中に反映されており、人権教育と研修はこれらを受け入れて豊かになると同時に、そこからインスピレーションを得るべきである。
4. 人権教育と研修は、すべての人のあらゆる人権を実現するという共通の目標に対するオーナーシップを高めるために、ローカルな取り組みを促進する一方で、異なる経済的、社会的、文化的環境を考慮しなければならない。

第6条
1. 人権教育と研修は、人権と基本的自由の促進のために、メディアと同様、新たな情報とコミュニケーションの技術を取り込み、これを活用すべきである。
2. 人権の領域での研修や啓発の手段として、芸術が奨励されるべきである。

第7条
1. 国と、場合によっては政府の関連機関は、参加、包摂、責任の理念に基づき開発され、実施されてきた人権教育と研修を促進し、保障する第一義的責任がある。
2. 国は、市民社会、民間セクター、その他関連のあるステークホルダーが、人権教育と研修に取り組むことのできる安全な環境をつくらなければならない。それは、そのプロセスに関わっている人びとを含む、すべての人の人権と基本的自由が完全に守られている環境である。
3. 国は、単独で、あるいは国際協力を得て、入手可能なリソースを最大限に活かしながら、法的・行政的手段を含む適切な方策によって、人権教育と研修が漸進的に実施されていくように手段を講じなければならない。
4. 国と、場合によっては政府の関連機関は、国家公務員、公務員、裁判官、法執行官、軍関係者に対して人権と、場合によっては国際人道法と国際刑事法についての適切な研修を保障しなければならないと同時に、教師、研修担当者、国の委託を受けて働く私人に対する適切な人権研修を促進しなければならない。

第8条
1. 国は適切な段階で、人権教育と研修を実施するための戦略と政策、また、例えば学校や研修のカリキュラムへの統合を行うなど、適切な場合には行動計画やプログラムを策定するか、策定を奨励しなければならない。その際、人権教育のための世界プログラムと、国およびローカルなレベルでのニーズや優先事項を考慮しなければならない。
2. そのような戦略、行動計画、政策、プログラムの計画、実施とフォローアップは、民間セクター、市民社会、国内人権機関を含む、関連するすべてのステークホルダーの参加を得て、場合によっては、多様なステークホルダーの関わりを奨励して、行われなければならない。

第9条
国内人権機関は人権教育と研修において、とりわけ意識の向上と、関連する公的・私的な主体を結集させる調整役を必要に応じて果たすことを含め、重要な役割を果たしうる。このことを認め、国はパリ原則に則り、実効性のある独立した国内人権機関の設置、発展、強化を促進しなければならない。

第10条
1. 社会の中の多様な主体、とりわけ教育機関、メディア、家族、地域コミュニティ、NGOを含む市民社会組織、人権活動家、民間セクターは人権教育と研修を促進し、実施する重要な役割を担っている。
2. 市民社会組織、民間セクター、他の関連するステークホルダーは、自らの職員や社員に対して、適切な人権教育と研修を確保することが奨励される。

第11条
国際連合、国際機関、地域的（regional）機関は人権教育と研修を、職員およびそれらの機関の下で任務につく軍人、警察官に対して実施しなければならない。

第12条
1. あらゆるレベルの国際協力は、場合によってはローカルなレベルでの取り組みを含めて、人権教育と研修を実施するための各国の取り組みを支援し、強化しなければならない。
2. 国際社会、地域（region）、国、ローカルなレベルで、相互補完的に、協調して行われる取り組みは、人権教育と研修のより効果的な実施に貢献することができる。
3. 人権教育と研修の領域におけるプロジェクトや取り組みに対する、任意拠出が奨励されなければならない。

第13条
1. 国際的、および地域的人権メカニズムは、その権限の範囲内で、活動の中で人権教育と研修を考慮しなければならない。
2. 国は、それが適切な場合、人権教育と研修に関してどのような方策をとったのかということについての情報を、関連のある人権メカニズムに対する報告の中に、含めることが奨励される。

第14条
国は、本宣言の効果的な実施とフォローアップを確保するために、適切な方策を講じ、これに関して必要となる財源と人材を確保しなければならない。

注 i　A/CONF.157/24（Part I）1, Chap. II, para.79
注 ii　総会決議 60/1

（訳：阿久澤麻理子／出典：一般財団法人アジア・太平洋人権情報センター）

条約豆知識

●「条約」のさまざまな名称
「○○条約」という以外にも、憲章（例えば「国連憲章」）、規約（例えば「国際人権規約」）、規定（例えば「国際司法裁判所規定」）、協定（「日米漁業協定」）、宣言（「日ソ共同宣言」）、議定書（「気候変動に関する国際連合枠組条約の京都議定書」）など、さまざまな呼び名があります

●条約に関する手続き
採択…各国代表者が集まって話し合い、国際条約の内容に合意し、調印すること。人権条約の場合、国連総会の決議で、条約案の採用を決めています。

署名…条約の内容が確定したとき、国家の代表者が、条約の趣旨や内容を公式に確認し、基本的な同意を表明すること。その証拠として「記名」します。なお、条約の内容は、署名によって確定されます。

批准…国が、署名した条約について、その条約に拘束されること（つまり書かれた内容を守ること）への同意を最終的に表明すること。その手続きは、憲法の規定に従って、日本では国会の承認が必要です。

加入…条約に参加する一形式。条約に署名をしていないが、条約の規定に拘束される意思があることについて、国の同意を表明すること。批准と同じ効果をもちます。

留保・解釈宣言…条約を締結する際に、特定の条文の規定には拘束されないとの意思を表明したり（留保）、特定の条文について、その国の解釈を対外的に宣言すること（解釈宣言）をいいます。

●条約の「発効」とは
条約が、効力を発することを指します。多国間条約の場合、通常、「批准国数が一定数に達する」「批准して○カ月後」など、その条件は、条約のなかに記されています。

●選択議定書とは
既存の条約と密接な関係をもち、本条約上の権利や保護を強化し、ある特定のことがらについて詳しく定めている国際法上の文書。本条約からは独立しており、本条約とは別に、加盟国となる手続きが必要です。ただし、本条約の締約国でない国が、選択議定書だけ批准することはできません。

レッスンプラン

世界人権宣言	22
障害者権利条約	34
子どもの権利条約	50
女性差別撤廃条約	67
国際人権規約／子どもの権利条約	80
人種差別撤廃条約	91
ILO条約	105
死刑廃止条約	123
難民条約	133

世界人権宣言

人権って何？

　グループでの共同作業を通じて、人権（人間の権利）について「具体的」に考えてみましょう。人権は human right"s"（複数形のsがつくことに注目！）、数えられるほど具体的なものなのです。具体的な人権が国際人権条約（法）に記されていることの意味を考えてみましょう。

ねらい

1. 「人権とは何か」を具体的に考え、言葉であらわし、「人権カタログ（リスト）」をつくろう。
2. 「人権の名宛人（なあてにん）」を考え、人権を実現するメカニズムを知ろう。
3. 人権カタログができるまでの話し合いが民主主義的なプロセスであったかどうか、自己評価してみよう。

準備するもの

A4の用紙（各参加者に2～3枚ずつ）、模造紙（グループに1枚）、マジックペン、大きめの封筒（A4サイズが入る程度。グループに1枚）、世界人権宣言のシート

時間のめやす

90分

進め方

■ステップ1…人権のカタログをつくろう

1. 人数に応じて4人または8人で1グループとなるようグループ分けをする。また、この人数とは別に、各グループに1人、記録者をおく。

2. グループごとに着席し、自己紹介などをして、話し合いやすい雰囲気をつくっておく。

3. ファシリテーターから、「日頃、『人権を大切にしよう』と考えたり、学んだりしてきましたが、『人権』とはいったい何でしょうか。あなた自身の言葉で書いてください」と呼びかけ、それぞれ自分の思う定義をA4の用紙に書いてもらう。まずは誰とも話をせずに、自分自身の思う定義を1人で書いてもらう。

4 ファシリテーターは、参加者の何人かに声をかけ（ジェンダー、年齢、そのほかの属性に配慮し、多様な意見が聞けるようにする）、それぞれが書いた定義を読み上げてもらい、全体に紹介してもらう。

5 次に、同じグループ内でペア（2人1組）になり、各人の定義、考えを紹介し合い、「2人にとっての人権の定義」を新しい紙に書いてもらう。

6 その次は、2ペアが一組（4人）になり、各ペアの書いた定義を紹介し合い、それぞれの考えを説明し合う。そのうえで、今度は4人で了解し合える「4人にとっての人権の定義」を新しい紙に書いてもらう（グループが8人なら、さらに同じことを繰り返す）。

7 話し合いの間、ファシリテーターは、各グループをまわりながら、途中で、次のような点を考慮した「問いかけ」を積極的におこなう。

●筆者の経験ではたいていの場合、「人間が生まれながらにもっている権利」「人間の権利」といった定義を最初の段階では書いていることが多い（読んで字のごとく「人」の「権利」）。しかし、2人がその定義で合意したからといって、何を「人間が生まれながらにもっている権利」だと思っているか、中身についても考えが一致していなければ、本当に合意形成したことにはならない。そこで、このように幅広く解釈が可能な定義が出されている場合は、各人が何を「人間が生まれながらにもっている権利」だと考えているのかを出し合い、話し合いを進めるよう、ファシリテーターから呼びかける。

●また、「思いやり」「やさしさ」「いたわり」など、抽象的な「価値」を人権の定義としてあげる場合も多い。このような抽象的な定義にとどめていると、話し合いが進むにつれて、具体的権利よりも抽象的な「価値」のリストがふくらんでいくことが多い。

●たいていのグループのなかには、「抽象的な定義でよい」と考える者と、「できるだけ具体的に権利のリストを書こう」とする者がいる。グループとして、どちらの方針をとるのか決めるよう、ファシリテーターから呼びかけよう。全体会では、グループがいずれかの方針をとることを決めた理由を発表してもらうとよい。

8 グループ全体で合意できる人権の定義、あるいは人権のカタログができあがったら、それを大きな模造紙に書き出してもらい、会場の壁に貼り出す。全員が、各グループの書いた模造紙を見てまわるだけの時間をとる。

9 全体会で、グループごとに自分たちの「人権カタログ」について説明してもらう。ど

んなことで、意見が対立したり、合意形成がむずかしかったかについても、話してもらおう。

■ステップ2…世界人権宣言と比べてみよう

1 ファシリテーターから、世界には合意された人権の基準があること、世界で初めて、世界中すべての人が有する権利をカタログ（リスト）にしたのが、「世界人権宣言」であるということを伝える。

2 グループの「人権カタログ」には、いろいろな特徴や偏りがあるかもしれない。「世界人権宣言のシート」を配布し、グループのものと比べてどんな違いがあるかをファシリテーターとともに、確かめる。

■ステップ3…人権の名宛人は誰？

1 最後に、封筒を配り、グループで作成した人権カタログを折りたたんで封筒に入れ、そこに書かれたことを実現する一番大きな責任をもつ人に、それを送るとしたら誰なのか、話し合って決め、宛名と住所を封筒に書いてもらう。

2 グループとして書いた宛名が誰か、どうしてその人を選んだのかを説明してもらう。そのあと、ファシリテーターから、憲法や国際人権条約の一義的な名宛人は「国」であることを説明して、民主主義や立憲主義を考える学習へとつなげよう。

■ステップ4…ふりかえり

さらに、話し合いのプロセスに、みなが参加できたか、民主主義的な合意形成ができていたのか、記録を見ながら話し合ってみよう（下記「記録者の役割」参照）。

記録者の役割
- 記録者はA3の用紙（画板などに貼ると持ちやすい）と筆記用具を持って、各グループの横に立って記録をとる（ただし2人の話し合いの段階では、観察だけでよい）。
- 紙には、着席しているとおりに参加者の名前を記し、発言があるたびに、それが誰から誰への発言であるかわかるように、矢印で記録をする。発言回数だけ矢印を書く。
- 記録者は、自分が何をしているかをグループのメンバーに話したり、記録の内容を見せてはいけないし、メンバーは記録者にたずねてはいけない。ルールはファシリテーターから全員に伝えておこう。
- 活動の最後に、記録を見て、話し合いのプロセスを評価する。記録者の意見を求めよう。

●図1では、なぜXさんが発言していないのか、Aさんになぜ多くの発言機会があったのかが気になるはず。ジェンダー、年齢などの影響を考えてみよう。

図1

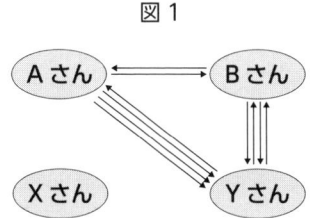

●誰の誰に対する意見か、はっきりしない（なんとなく、全体に対して提案をするような）発言もある。その場合は図2のように、中央に「全体への発言」という項目をつくる。全体の発言は多くても、Aさん、Eさんの対話に、ほかの人が参加していないことがわかる。

図2

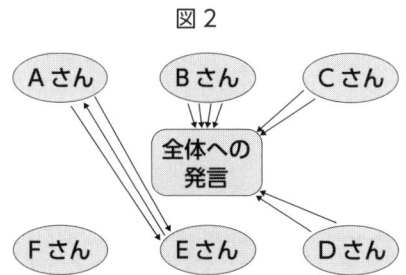

応用

「自分自身がどんな権利をもっているか」と日常的にあまり考えたことがないと、権利のリストは広がらない。そんな場合、日常生活と関連づけて考えてもらうよう、すこしやり方を変えることもできる。鳥取県人権文化センター編著『暮らしのなかの人権』（解放出版社、2008年）のなかにある「しあわせの条件」というアクティビティを取り入れ、組み合わせてみるとよい。

このアクティビティでは、まず、「人が生まれてから死ぬまで、日々を安心し、幸せにいきるためにはどのような条件が必要か」思いつくものを次つぎと書きだしてもらう。たとえば「健康」「家族」「お金」「仕事」などがあがる。

次に、最初にあがった「条件」に対して、それを支える次の条件（例えば「仕事」を得るには、仕事をし続けるには、何が必要か……と考えてみる）を考え、書いてもらう（初回は、自分ではなく、ほかのメンバーが書いた条件を取り上げること）。

この要領で、次つぎと、すでに出されている「条件」に対して、さらに必要な「条件」をあげていく。こうすると、「条件」がレベルアップするたびに、だんだんと抽象化され、「人権」条項に近づくことが多い。

「しあわせの条件」を取り入れてアクティビティを実施すると、参加者は最初から「具

体的な権利」のリストに近づきやすい。ただし、最初から具体的に条件を考えさせてしまうので、人権＝「思いやり」「やさしさ」といった抽象的な意見は出づらくなる。実は意外に多い、「人権＝思いやり」という抽象的なとらえ方を再考したり、人権は「抽象的でいいのか」「具体的に記されるべきなのか」を考えたり、議論するのはむずかしくなる。

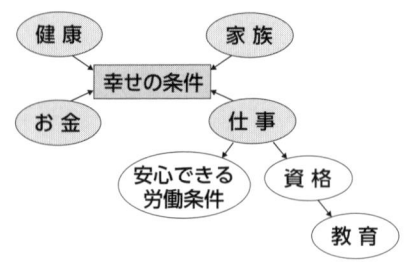

● 留意点
- グループ分けをする際に、あえて女性／男性だけ、あるいはどちらも含まれるグループをつくったり、近い年齢層だけのグループ、幅広い年齢層のグループをつくるなどすると、記録者が作成した記録から、話し合いの過程を分析するときに、ジェンダーや年齢の影響をみることもできる。
- なお、記録・話し合いの過程の分析を省くことで、時間を短縮してもよい。

● 発展

- **リストを日本国憲法とも比べてみよう**

グループがつくった「人権のカタログ（リスト）」は、世界人権宣言のほか、日本国憲法の第三章、あるいは、学校で実施する場合には「子どもの権利条約」の条文と比べてみることができる。その場合、それぞれの条文をカードにして用意しておくと便利である（日本国憲法のカードは『暮らしのなかの人権』に収録されている）。

- **世界人権宣言を自分の言葉で書いてみよう**

世界人権宣言の普及は「人権教育のための国連10年」の目的の一つにも掲げられ、自分の権利を知る第一歩としてとても重要だ。現在443（2015年8月13日現在）言語に翻訳されており、全文の日本語訳は、外務省、国際連合広報センター、アムネスティ・インターナショナルなどのサイトで読むことができる。

一回のアクティビティにとどまらず、次の時間に、さらに世界人権宣言の中身を学んでみてはどうだろうか。

例えば、アムネスティ・インターナショナル日本支部編『私の訳 世界人権宣言』（明石書店、1993年）を参考に、世界人権宣言の特定の条文を自分の生活に即して翻訳してみることもできる。もっとも、国際法の条文を英語から日本語に翻訳するのは、学校ではハードルが高いから、日本語の条文を見ながらそれを自分の生活に即して書き直してみるのもいいだろう。

世界人権宣言のシート　＊このままでも、破線で切り離してカードとして使用してもかまいません

第1条

人はみな、自由で平等な仲間。
人はみな、生まれたときから自由で、人間として等しく大切な存在であり、人権をもっています。そしてみんな仲間です。

第2条　誰も差別されない

人はみな、人種、肌の色、性別、言語、宗教、意見の違い、出身、財産のあるなしなどによって差別をされることなく、この宣言に記されたすべての権利と自由をもっています。

第3条　自由に安心して暮らす権利

人はみな、自由や身体の安全をおびやかされずに、生きる権利をもっています。

第4条　奴隷のように扱われない

人はみな、奴隷にされたり、奴隷のように働かされてはなりません。そのために人を売り買いしてはいけません。

第5条　拷問を受けない権利

人はみな、拷問や、残酷・非人間的で辱(はずかし)められるような扱いや、罰を受けるべきではありません。

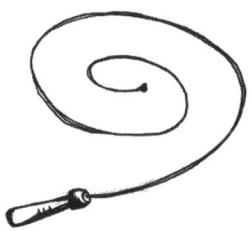

第6条　人として認められる権利

人はみな、どこにいても、法によって人として認められます。

世界人権宣言　27

第7条　法の下の平等

人はみな、法の平等な保護を受ける権利があり、この宣言に反するような差別から保護されます。

第8条　裁判を受ける権利

人はみな、憲法や法で守られる権利を侵されたら、裁判に訴え、その権利を取り返す権利があります。

第9条　勝手に逮捕されない権利

人はみな、勝手に逮捕されたり、閉じ込められたり、追放されたりすることはありません。

第10条　公平で公正な裁判

人はみな、独立し、公平な裁判所で、公正な公開の裁判を受ける権利があります。

第11条　逮捕されても有罪と決まったわけではない

たとえ逮捕されても裁判で決まるまで、罪があるとはみなされません。また、あとからつくられた法律で、有罪にされることはありません。

第12条　プライバシーを守られる権利

人はみな、自分のプライバシーや、家族のこと、手紙・電話・メールなどの内容を勝手にあばかれ、名誉や信用を傷つけられることはありません。

第13条　自由に行き来し、住む場所を決める権利

人はみな、自分の国のなかで自由に移動し、住む場所を決める権利があります。また、ほかの国に行くことも、自分の国に戻ることも権利です。

第14条　迫害から逃れて避難する権利

政治的な考え方や意見が違うからと迫害を受けるとき、そこから逃れて、ほかの国に避難をすることは権利です。

第15条　国籍をもつ権利

人はみな、国籍をもつ権利があります。その権利を勝手に奪われたり、国籍を変えることを否定されたりすることはありません。

第16条　結婚は当事者同士で決める

人はみな、人種や国籍、宗教によって制限されることなく、大人になったら結婚し、家庭をもつ権利があります。結婚、結婚生活、離婚に関することも、平等な二人が自由な意思でいっしょに決めるものです。

第17条　財産をもつ権利

人はみな、一人で、またはほかの人といっしょに財産をもつ権利があります。それを勝手に奪われることはありません。

第18条　自由に考え、信じる権利

人はみな、自由に考え、宗教を信じる権利があります。それを表明したり、広めたり、考えを変えることも自由です。

第19条　自由に意見を言い、表現する権利

人はみな、自由に意見を言ったり、表現する権利があります。また、国境に関係なく、意見や情報を交換することも権利です。

第20条　集会を開き、団体をつくる権利

人はみな、平和に集会を開き、団体をつくる自由があります。でも、無理やり誰かをそこに入れることはできません。

第21条　政治に参加する権利

人はみな、直接に、または自分が選挙で選んだ代表を通じて、自分の国の政治に参加する権利があります。また、公務員になる権利があります。私たちの意志を表明する選挙は、公正でなければなりません。

第22条　社会保障への権利

人はみな、社会の一員として、社会保障を受け、人間らしく暮らす権利をもっています。

第23条　働く者の権利

人はみな、仕事を自由に選び、公正な労働条件のもとで働き、失業から守られる権利があります。同じ仕事には同じ賃金が支払われ、それは生活できる額でなくてはなりません。また、自分を守るために労働組合をつくること、その一員になることも権利です。

第24条　休息する権利

長時間労働にならないよう、働く時間がきちんと制限され、休息することは権利です。定期的に有給休暇をとることも権利です。

第25条　生活保障の権利

自分と家族の健康で幸せな生活を維持することは権利です。仕事を失ったり、年をとったり、家族の働き手が亡くなったり、病気や障害などで生活できないとき、公的な助けを受ける権利があります。

第26条　教育の権利

教育を受けることは権利です。少なくとも小中学校は無償で、誰もが通う義務養育です。さらにその先、職業や専門にかかわることを学んだり、大学に進むことも可能です。また教育の内容は、人間性を伸ばし、人権を尊重するものでなければなりません。

第27条　文化を楽しみ、つくりだす権利

人はみな、自由に文化活動に参加し、芸術を鑑賞し、科学の進歩による恩恵を受ける権利があります。また、自分がつくった科学的、文化的、芸術的作品がつくりだす利益も保護されます。

第28条　権利が実現される社会をつくる権利

私たちは、この宣言にかかげられた権利と自由が実現される社会、そして世界をつくる権利があります。

第29条　ほかの人の権利と自由を尊重する義務

私たちは、自分だけでなくほかの人の権利と自由を尊重する義務も負っています。あなたの権利と自由が制限されるのは、ほかの人の自由と権利を守るため、民主主義社会のなかで十分に納得できる理由があるときだけです。

第30条　悪用は認められない

国、個人、または集団であれ、この宣言に書かれたことを、人権や自由を損なうために利用してはなりません。

（訳とイラスト：阿久澤麻理子）

●……解説

●権利を具体的に考えてみよう

　今まで何度か人権研修の場を借りて、「人権」とは何か、参加者に定義してもらうというワークショップを実施してきましたが、最も多く返ってくるのは「思いやり」「やさしさ」「いたわり」という抽象的な定義か、あるいは「人が生まれながらにもっている権利」という定義でした。後者のような答えが返ってきたときは「それならあなたは、生まれながらにどんな権利をもっていますか」と聞いてみました。するとたいてい、「自由」「平等」「差別を受けないこと」「衣食住」などが出て、あとが続かなくなるのです。「人権を大切に」と言いながら、実は大切にすべき人権の中身を具体的には考えてこなかったのではないか、そのことに気づいてほしいと思い、このアクティビティをつくり、実施してきました。

　人権教育というからには、「自分が人としてどんな権利をもっているのか」を知り、自分が権利の主体であることを意識化することは必須。まずは権利を具体的に考えるのがこのアクティビティのねらいです。

●憲法と国際人権条約──法と人権、国と市民の関係を知ろう

　ところで、私がこのアクティビティを実施した、ある研修では、こんな問いかけもしてみました。「自分がどんな権利をもっているかを考えるために、何か"参考"にしたいものがありますか」と。

　すると「社会科の教科書」「人権教育の副読本」など、いろいろな答えが返ってきますが、「日本国憲法（第三章）」や「世界人権宣言」はなかなか出てきません。これらが自分の権利を書いた文書だという感覚は定着していないようです。人権は社会で最も大切にされるべき共通の基準として、法に定式化される（条約は国際法です）ということも知ってほしいことの一つです。

　人権が各国の憲法に記されるようになったのは、18世紀の近代市民革命以後のことです。絶対的権力をもつ「王」が、好き勝手に人びとを支配することに抵抗し、人びとは革命を起こしました。こうして、市民にこそ主権がある、という考え方が生まれました。そこで市民の権利を憲法に書きこみ、それを実現すべき責務をもつ国（為政者）につきつける──憲法で権力者を拘束する──という考え方が生まれました（立憲主義）。憲法のなかの人権は、「国が国民に保障する義務がある」ことを、国に対して示すものです。

　ということは、このアクティビティでの封筒の宛先も、まずは「国」となってほしいところですが、研修会では時にユニークな宛先──例えば、「妻・つれあい」など──があがり、笑いが巻き起こりました。学校では「自分自身」という宛先を書く生徒や学生もいます。大学でよく、学生のレポートに、「私は一生懸命、憲法に記された人権を守って生きていきたいと思います」という意見が見られるのですが、その前に「名宛人は国！」と知ってほしいと痛感します。このことも、人権を国と市民の関係から、とらえていないことのあらわれかもしれません。

　国際人権条約も同様に、そこに書かれた権利を実現する、第一義的責任をもつのは、国です。

●比べてみる――私たちが意識している／していない人権とは?

　グループでつくった人権の定義やリストを「世界人権宣言」や「日本国憲法」第三章と比べてみると、自分たちの定義・リストの特徴や偏りがよくわかります。例えば、参加者は、自由権と社会権のどちらを強く意識しているでしょうか。私たちが想定していなかった権利があったでしょうか。

　「日本国憲法」第三章には、刑事手続きに関する条項が全部で10カ条、なんと全体の3分の1もあります。私の経験では参加者が自分たちで作成した人権のリストのなかに、刑事手続きをあげることはあまりないので（みなさんの場合はどうでしょうか）、憲法を参照すると、自分たちのリストとの違いが目立つはずです。刑事手続きがこれほど多く憲法に盛り込まれている国は珍しく、それはなぜか、歴史をふりかえって考えてみることもできるでしょう。

●民主的な合意形成について考えよう

　記録を見ながら、参加者個人の批判にならないよう配慮しながら、話し合いが「すべての人の参加を尊重したか」、民主的であったかをチェックすると、どのような"力関係（パワー）"が対話に影響を与えるのかがわかります。また、もし、ジェンダーの視点を強調したいなら、最初からグループ分けのときに「男性だけ」「女性だけ」「混合」など、多様なグループをつくっておくのも一計です。対話のあり方に違いがみられるかもしれません。

〈阿久澤麻理子〉

障害者権利条約
同じ「権利」を実現するために

「『困っている障害者がいたら助けてあげなさい』と習ったけど、どうしたらいいかわからない」。そんな声をよく聞きます。はたして障害者は、いつも「困っている人」なのでしょうか。

また、もし困っているとしたら、それは「その人の体に障害があるから」なのでしょうか。

そうではない、と障害者権利条約（障害者の権利に関する条約）は考えます。権利条約は、障害者、その「人」をじっと見つめるのでなく、自分たちが生きている「社会」を見つめなおしていくことを私たちに迫るものです。

2006年に国連総会で採択され、日本も先ごろ批准した障害者権利条約。そこには何が書いてあるのでしょう。

ねらい

1 障害のある人が、社会のなかでどんな差別や不平等を体験しているのかを知ろう。
2 その差別や不平等を、「社会のなかのバリア（社会的障壁）」の問題としてとらえることができるようになろう。
3 「障害者権利条約」は、障害者自身の声を集めてつくられた条約であり、「この社会にはどんなバリアがあり、どうやってなくしていけばよいか」を示す一覧表（リスト）であることを知ろう。
4 「障害者の権利」を具体的に知り、この条約が、自分をも含めた「すべての人」のためのものであることを理解しよう。

準備するもの

ワークシート（人数分）、「障害者の権利カード」（グループに1セット）

時間のめやす

90分

進め方

1 ファシリテーター（学校では教師。以下同じ）が最初に目的を説明する。
   説明例
   「これからおこなうアクティビティは『障害者の権利』をテーマにしています。障害のある人は私たちと同じように生活していますが、ときどき、困ったり悔しい思いをすることがあります。なぜそんなことが起こるのでしょうか。2006年に『障害者権利条

約』がつくられました。そこに何が書いてあるのでしょうか。まず具体的に起こっていることから考えていきましょう」

2 ワークシートを全員に配布する。各自が、ワークシートを読んで、あげられている10の事例について、「あってはいけないこと」と思うか、「しかたがないこと」だと思うか考えて、分ける（ワークシートの欄に○をつける）。

3 1回目のグループワークをおこなう。まず、4人ぐらいずつ、グループに分かれて座る（最初からグループに分かれていてもよい）。各グループで、10の事例それぞれについて、どちらに分類するかを話し合う。ファシリテーターは、意見が分かれた事例があれば、「どうしてそう考えるのか」をより詳しく話し合うように言う。

◉このワークをしている間に、参加者が「こんなことがあった」と、自分や家族などの具体的体験を語ることがある。共有したほうがいい体験は、全体発表のときにも話してもらう。

4 全体でシェアリングをおこなう。各グループに、事例1〜10がそれぞれどちらに分類されたか発表する。時間がなければ、「どの事例で意見が分かれたか」だけを発表してもよい。その後、ファシリテーターがコメントする。「現実の社会にはさまざまな利害の対立や地域格差があり、考え方などの違いがある。だからこのワークで『意見が分かれる』のは当然である」こと、「『どれが正しく、どれは間違っている』ということではない」こと、「このように話し合いをしていくプロセスこそが大事」ということを伝える。

5 ここで、各グループに対して1セットずつ、「障害者の権利カード」を配る。これらのカードは、「障害者権利条約」の中身にもとづいていることを説明する。

6 2回目のグループワークをおこなう。グループで、「障害者の権利カード」を1枚1枚読み、それぞれが先に作業した10の事例のどれにあてはまるのかを考えさせる。「障害者の権利カード」を事例1〜10の順に並べる。「権利カード」のほうが数が多いので、当然余る。1つの事例に、複数の「権利カード」が関係することもある。

7 全体で、まとめとふりかえりをおこなう。まず、各事例と「障害者の権利カード」の組み合わせについて、一つのグループに、「自分たちのグループではどうだったか」を発表してもらう。全員に、「違う組み合わせにしたグループはありますか」と尋ね、違う結果だったグループがあればそれも発表してもらう。

8 「事例のようなことが、今も起こり続けている。障害のある人は、障害のない人よりも

不利な立場におかれやすい。だから、守るべき"権利"を定める必要があった」ということを確認する。

9 さらに、ファシリテーターは、「障害者の権利カード」に書かれている「障害者の権利」が、「障害者だけに与えられた権利だと思うか」と投げかける。

10 その後、一見、健常者には関係ないように見える「権利」(例えば、政見放送のための手話通訳をつけること)であっても、それは「同じ権利」(この例だと、「候補者についての情報を得たうえで投票する権利」)のためのものであることを確認する。

◉「障害者の権利」という言葉が、あたかも「障害者だけの権利」のように誤解されることもあるが、そうではない。参政権のような「当たり前の権利」が、実質的には守られていない人がおり、それは今の社会のバリア(制度の不備、無理解も含む)に原因がある。だから"実質的に(ほんとうの意味で)"平等に社会参加できるように、社会環境のほうを変えなくてはならない。「社会のどこをどのように変えるのか」がわかるように、具体的に「権利」が定められているのだ。

11 「障害者の権利」を実現することが、障害のない人を含めた全体の利益になっている例を紹介する。
- 車いす利用者が、駅につけるよう求めたエレベーター
  ➡ 高齢者、ケガをしている人、ベビーカーを押して外出する人など、さまざまな人に役立つ。
- 聴覚障害者の要求によって、洋画だけでなく日本映画も「字幕つき」で上映されるようになってきた。
  ➡ 例えば外国から来て日本語を勉強中の人などにも役に立つ。

12 障害者権利条約は、さまざまな障害をもつ人たちが実際に参加し、話し合いを重ねてつくっていったものであること、条約に批准した国はこの内容を守る責任があることを説明する。参照➡コラムB「私たち抜きに、私たちのことを何も決めないで!」

13 最後に、参加者に感想を尋ねる。

留意点
- ワークショップ(授業)の最初から、「障害」という漢字について違和感をもつ参加者もいるかもしれない。適切なタイミングで、コラムA「『障害』という表記について」を配布、あるいは説明してもよい。
- 参加者のなかになんらかの障害や病気をもつ人がいるかもしれない、「いて当然」とい

う姿勢で話す。少なくとも「ここにいるのは全員健常者ですね」という話し方はしない。障害があっても外見でわからないこともあるし、本人が周りの人に隠している場合もある。少なくとも「障害のある人はどこにでもいる。いて当たり前」という姿勢を示す。
●参加者本人や家族・友人に障害がある場合、その経験をこの場で話してもらうことは、みんなにとって有益だと伝える（むろん、話したくない人は話さなくてよい）。

〔参考〕　ワークシートにある「事例」と「障害者の権利カード」の対応例[注]
事例1　交通アクセシビリティ（第9条A）、基本原則─尊厳（第3条）など
事例2　地域で自立して生活する権利（第19条）
事例3　政治参加の権利（第29条）、情報アクセシビリティ（第9条B、21条）、「手話は言語」（第2条）
　　　※手話を第一言語とする「ろう者」のなかには、文章を読むのが苦手な人も少なくない。手話で情報を受けとる／手話で意思を伝えられることは大切な権利である。
事例4　交通アクセシビリティ（第9条A）、移動の権利（第20条）
事例5　労働の権利（第27条）、障害のある女性（第6条）
事例6　地域で自立して生活する権利（第19条）
　　　※知的障害のある人は従来、家族と暮らすか入所施設で暮らすことが多かったが、現在ヘルパーなどの支援を得ながら地域で暮らす人も増えてきている。
事例7　労働の権利（第27条）、情報アクセシビリティ（第9条B、21条）
事例8　インクルーシブな教育を受ける権利（第24条）、障害のある子ども（第7条）
事例9　危険から守られる権利（第11条）、（基本原則─インクルージョン〈第3条〉なども）
事例10　障害のある女性（第6条）、家族をもつ権利（第23条）

発展

　このアクティビティはあくまでも導入なので、さらに深めて学習する場合、次のような方法がある。

　◉差別禁止条例ができている自治体のうち、千葉県やさいたま市の場合、ホームページに条例制定の過程で集められた「差別事例」が分野別に紹介されている。
　　千葉県「寄せられた『障害者差別にあたると思われる事例』」
　　　http://www.pref.chiba.lg.jp/shoufuku/iken/h17/sabetsu/index.html
　　（2015.8.13 アクセス）

注…複数見つけなければいけないというわけではないし、ここにあげた以外の答えもありうる。例えば「第3条　基本原則」の2つ（尊厳、インクルージョン）は、どの事例にも該当するといえる。また事例6は実際に筆者の身近であったことだが、「これはシンジさんへの虐待にあたるのではないか（第16条に該当）」という声も聞いた。

さいたま市「障害者差別と思われる事例集」
http://www.city.saitama.jp/002/003/004/001/001/005/p033099.html
（2015.8.13 アクセス）

　こうした具体的な事例は、「社会で何が起こっているのか、どのような偏見や差別的慣行があるのか」を考える材料となることから、事例をもとに話し合いをする、分類するなどの学習が可能。
　その際、例えば教育関係者の研修であれば、「教育」分野の差別事例を使って話し合いをするということもできる。
　分野ごとにどんな差別があるか、支援を求める方法など、基本的な考え方を学習するうえで、次のパンフレットはわかりやすく、参考になる（ダウンロード可）。
「さいたま市誰もが共に暮らすための障害者の権利の擁護等に関する条例　簡明版」
http://www.city.saitama.jp/002/003/004/001/003/p030697_d/fil/kanmeiban.pdf
（2015.8.13 アクセス）

●障害者権利条約ができた経緯や目的、内容についての冊子などを使って学習する。
　例えば、末尾で紹介した「参考文献」のうち、『障害者権利条約で社会を変えたい』、JDFの二つのパンフレットを用いる。障害者権利条約に直接ふれたものではないが、千葉県の条例づくりの過程を描いた『条例のある街』も読みやすく、なぜこうしたルールが必要かを理解する助けになる。

●学校の授業などで、障害者権利条約の内容（一部でもよい）をわかりやすく伝えるポスターやパンフレットを作成する。教師は、障害者問題は社会のバリアが問題であること、バリアや差別をなくしていくことを世界（国）が約束したのが条約、という趣旨であることを説明する。
　その際、障害のある人は「私たちが思いやって助けてあげる相手——つまり「支援の客体」——ではなく、障害のない人と同じように、「権利の主体」であるという条約の精神を、かみくだいて伝えるように努める（なお、児童生徒は「自分に何ができるか」を考えようとするので、実際に出会った場面で「助ける」ことに関心を向けて、「手助けしよう」という趣旨のポスターを作ろうとするかもしれない。だが発展編の学習をおこなうなら、障害者自身が社会のバリアに気がついて、新しく「社会のルールをつくった」ことに目を向けさせたい。「一緒に勉強するのが当たり前」「安心して電車に乗りたい」といったことがポスターの主題になるイメージである）。

ワークシート

"あってはいけない"こと？ それとも "しかたがない"こと？

いずれも実際の事例から　（どちらかに○をつける）

○事例１

　カオルさんは脳性まひで、言語障害があり（＝緊張により声が出にくく、ゆっくり話す）、車いすを使う30代の女性。旅行が趣味で、ときどき友人と出かけます。カオルさんが旅行先で嫌なのは、旅先で駅員さんと話す必要があるとき、相手がカオルさんに直接話そうとせず、横にいる健常者とばかり話そうとすることです。言語障害があることから、「話してもわからない」と誤解するのでしょうか。ふだん使う駅ではこんなことはありませんが、旅先ではしばしばこんな扱いを受けます。あるときカオルさんが抗議すると、「障害のある方と接する機会がないため、知りませんでした」と謝られました。

➡ **カオルさんが、駅員から直接話しかけてもらえず、横にいる人とばかり話をされるのは、"あってはいけない"ことでしょうか？　それとも"しかたがない"ことでしょうか？**

	あってはいけない		しかたがない

○事例２

　視覚障害をもつトオルさんは大学の4回生。東京の会社に就職が決まりました。4月から住む部屋を探すために、お兄さんに付き添ってもらい、一緒に不動産屋に行きました。ところが不動産屋さんは、白い杖をついたトオルさんを見て驚きました。「お兄さんと一緒に住むんでしょ」「いえ、別です。ぼく一人で住みます」「それはむずかしいですね。火事を恐れる大家さんが多いんですよ」。何軒か不動産屋をまわりましたが、なかなか部屋を紹介してもらえません。ある不動産屋は、「私は差別したくありませんが、大家さんには大家さんのお考えがありますから。『女子学生のみ』のアパートもありますよね？　どういう人に貸すかを決める自由はあるんです」と言いました。

➡ **トオルさんが、不動産屋で部屋を紹介してもらえないのは、"あってはいけない"ことでしょうか？　それとも"しかたがない"ことでしょうか？**

	あってはいけない		しかたがない

○事例３

　もうすぐ国会議員の選挙です。しかし聴覚障害のあるサトシさんはあまり興味がもてません。テレビの政見放送（候補者の演説）のうち、手話通訳がついているのは一部の候補者だけだからです。サトシさんの家族が、手話通訳つきの政見放送をしない候補者の事務

障害者権利条約　39

所に問い合わせたところ、「公約は選挙公報に書いてあります、それを読めばいいでしょう」と言われました。

➡ サトシさんが、手話通訳つきで演説を聞けないのは、"あってはいけない"ことでしょうか？　それとも"しかたがない"ことでしょうか？

	あってはいけない		しかたがない

○事例4

　ミユキさんは事故が原因で車いす生活になった50代の女性。数年前、自宅近くを走るM電鉄の最寄り駅にエレベーターがついたときは、大いに喜びました。切符を買うとき、車両に乗り込むときに、駅員さんに手伝ってもらえば一人で外出できるからです。ところがM電鉄はこのたび、経営難のため、乗降客がさほど多くない駅からは駅員を引き上げることを発表しました。駅は無人化してしまうのです。駅員の手が必要なときは、インターホンで呼び、ほかの駅から駅員が来るのを待たなければなりません。ミユキさんは、あるときは30分以上も待たされてストレスを感じ、外出がわずらわしくなってきました。ミユキさんが所属する障害者団体は、M電鉄に抗議し、「無人化」の撤回を申し入れました。しかしM電鉄は「駅のバリアフリー化を進めたから、ほとんどの客は問題ないはずだ。経営を合理化しなければ、会社がつぶれる」と言い張ります。

➡ ミユキさんらが、駅が無人化したために電車に乗りにくくなったのは、"あってはいけない"ことでしょうか？　それとも"しかたがない"ことでしょうか？

	あってはいけない		しかたがない

○事例5

　ケイコさんは以前デザイナーとして働いていましたが、過労で倒れ、精神科病院に入院していたことがあります。仕事も退職せざるをえませんでした。今は薬をのみ続けて体調も安定しており、再び働こうと思って、就労支援をしている事業所を訪ねました。しかしそこにいた職員は、ケイコさんに「ただでさえ不況なのに。精神（障害）はむずかしいんだよ」「結婚してるなら、だんなさんに養ってもらったらいいでしょう」と言って、仕事を紹介してくれませんでした。

➡ ケイコさんが、仕事を紹介してもらえなかったのは、"あってはいけない"ことでしょうか？　それとも"しかたがない"ことでしょうか？

	あってはいけない		しかたがない

○事例6

　知的障害のある40代のシンジさんはT町でお母さんと住み、近所の作業所に通ってい

ました。趣味の仲間もいました。ところがある日、お母さんが脳出血で急死しました。葬儀のあと、疎遠だった親戚のおじさんが来て、役場の人との話し合いの末、シンジさんを遠くのＱ町の入所施設に入れてしまいました。シンジさんのＴ町で暮らし続けたいという意思は聞いてもらえませんでした。作業所や趣味の仲間は、あとで知ってびっくりしました。

　親戚のおじさんは「将来のことを考えたら、施設で暮らすのが一番安全だ」と考えたようです。

➡シンジさんが、自分の意思に関係なく施設に入所させられたのは、"あってはいけない"ことでしょうか？　それとも"しかたがない"ことでしょうか？

	あってはいけない		しかたがない

○事例７

　今の会社で10年以上働いているタケシさん（33歳）は聴覚障害があり、上司や同僚とのコミュニケーションは筆談でおこなっています。一対一でやりとりするときはいいのですが、会議のときにタケシさんへの配慮はなく、さっぱりわからないまま会議が進みます。上司に配慮を求めても「全部が重要じゃないし」「君の仕事に必要なことがあれば、筆談で伝えるから」と言って、改善されません。会社に、手話通訳や筆記者を雇う余裕はないといいます。

➡タケシさんが、会議のときに情報の配慮（筆談・筆記、手話通訳など）が受けられないのは、"あってはいけない"ことでしょうか？　それとも"しかたがない"ことでしょうか？

	あってはいけない		しかたがない

○事例８

　ハルカさんは小学５年生、骨形成不全という障害で車いすを使っていますが、ずっと家の近くの普通学校・普通学級に在籍して、たくさんの友達と一緒に学んできました。このたびお父さんの転勤でＸ県に引っ越すことになりましたが、Ｘ県では車いすを使う児童は特別支援学校でしか受け入れていません。Ｘ県の担当者は「普通校は設備が整っていないし、人手も足りない。特別支援学校では手あつい支援ができる。支援学校で機能訓練をしたほうがお嬢さんのためになる」とハルカさんの親に説明します。ハルカさん自身は、Ｘ県でも近所の学校へ通って友達をつくりたいと思っています。

➡ハルカさんが、Ｘ県で家の近くの学校に通うことができないのは、"あってはいけない"ことでしょうか？　それとも"しかたがない"ことでしょうか？

	あってはいけない		しかたがない

障害者権利条約　41

○事例9

　マリさんは、息子で自閉症のナオキくんと暮らすシングルマザーです。マリさんたちの住む町は、大地震が来たら津波の恐れがあるといわれています。マリさんは、東日本大震災以降、災害がいっそう怖くなりました。ナオキくんは環境の変化に敏感で、もし自宅が被災して避難所にしばらくいることになった場合、パニックを起こしたり大声をあげて歩き回ったりすることが予想されます。そうなれば、本人もつらいし、ただでさえ疲れているほかの避難者にも大きな負担になりそうです。東日本大震災のあと、「自閉症のお子さんをもつ家族が体育館の避難所にいられず、車で生活している」という新聞記事を読んで、まさに他人事ではないと思いました。

➡マリさんが、「災害が起こっても避難所には行けないのでは」と恐れていることは、"あってはいけない"ことでしょうか？　それとも"しかたがない"ことでしょうか？

	あってはいけない		しかたがない

○事例10

　視覚障害（弱視）のユイさんと障害のないコウジさんは職場恋愛の末、結婚して一緒に住もうとしました。コウジさんの家族は戸惑いつつユイさんを温かく受け入れましたが、ユイさんの母親は「あんたみたいなろくに家事もできない子が結婚なんて、とんでもない。だんなさんに申し訳ない」と大反対でした。ユイさんとコウジさんで「二人で協力し合うから大丈夫」と説得して結婚したものの、ユイさんの母親は「子どもをもつことだけは許さない」と言っています。

➡ユイさんが、親から結婚を反対されたり、「子どもをもつことだけは許さない」と言われていることは、"あってはいけない"ことでしょうか？　それとも"しかたがない"ことでしょうか？

	あってはいけない		しかたがない

障害者の権利カード　＊破線で切り離して使います

第1条（条約の目的）

「障害があってもなくても同じ大切な人間」と、社会のすべての人がわかるようにすることが、この条約の目的です。障害のある人が暮らしにくいのは、社会にバリアがあるからです。バリアをなくさなくてはいけません。

第2条（手話は言語）

ろう者（聞こえない人たち）が使う「手話」は一つの言語であり、音声言語と対等です。

第3条（基本原則―尊厳）

一人ひとり、誰もが大切な人間として認められます。障害があるからといって、嫌な思いをさせられることがあってはなりません。

第3条（基本原則―インクルージョン）

どんな障害のある人も、社会の一員として社会に完全に参加できるように、社会はすべての人を受け入れます。

第6条（障害のある女性）

障害のある女性（女子）は、二重の差別を受けています。性的な暴力や虐待を受けやすく、貧困に陥りやすいのです。国は、この現実を認めて、障害のある女性（女子）の人権を守っていくための対策をとらなければなりません。

第7条（障害のある子ども）

障害のある子どもは、障害のない子どもと同じ権利があります。自分のことについて意見を言う権利があるし、権利を使うときに手伝ってもらえます。

第9条A（交通アクセシビリティ）

※アクセシビリティ＝利用できること
私たちは行きたいときに、行きたいところへ、電車・地下鉄・バスなどを使って、安心して移動する権利があります。建物や道路、電車やバスなどは、誰もが使いやすいものであるべきです。

第9条B（情報アクセシビリティ）

※アクセシビリティ＝利用できること
私たちは知りたい情報を受け取ることができます。視覚や聴覚に障害があっても、手話・文字・点字・音声など、自分に合ったやり方で、情報を受けとることができなければなりません。

第 11 条（危険から守られる権利）

地震、津波、台風などの災害があったとき、国は私たちの安全を守らなければなりません。

第 12、13 条（司法へのアクセス）

私たちは誰でも、公平な裁判を受ける権利があります。そのために必要な支援も受けられます。

第 14 条（身体の自由と安全）

私たちは身体の自由と安全があります。障害があるという理由で、わけもなく閉じ込められたり、身体の自由を奪われたりしてはなりません。

第 15 条（拷問やひどい扱いの禁止）

私たちは、警察でも刑務所でもどこでも、拷問やひどい扱いを受けたり、心をひどく傷つけるようなことを言われたりすることはありません。

第 16 条（搾取、暴力、虐待の禁止）

私たちが家庭、施設、学校、職場などで、搾取(さくしゅ)されたり、セクハラを含めた暴力、いじめ、虐待などを受けたりすることがないように、国はしっかりと対策をとらないといけません。もし搾取や暴力や虐待を受けてしまったら、身体の傷や心の傷がなおるよう支援を受けられます。

第 19 条（地域で自立して生活する権利）

どんな障害のある人も、障害のない人と同じく、地域のなかで暮らす権利があります。「どこで、誰と暮らすのか」を自分で選べるし、入所施設や病院での生活を強制されてはなりません。自宅、アパートやマンション、グループホーム、どこでも住めるし、必要な支援を受けながら暮らすことができます。

第 20 条（移動の権利）

私たちには移動する権利があります。好きなときに、自分で選んだ方法で、自由に出かけられます。そのために必要な支援も受けることができます。

第 21 条（情報へのアクセス）

私たちは、自分が伝えたい方法で自分の考えを伝え、自分がわかりやすいかたちでいろんな情報を知る権利があります。

第22条（プライバシー）

私たちは、どこに住んでいても、自分のプライバシーが守られる権利があります。

第23条（家族をもつ権利）

私たちは、障害のない人と同じく、結婚したり子どもをもったりする権利があります。子どもをもつために必要な情報をもらったり、子育てをするのに必要な支援を受けたりすることもできます。

第24条（インクルーシブな教育を受ける権利）

私たちは、どんな障害をもっていても、家の近くの普通学校に通って、みんなと一緒に勉強したり遊んだりすることができます。また、一人ひとりに合った教材（例えば点字の教科書）が必要だったり、学校内の移動に助けが必要だったりしたら、ちゃんとその支援が受けることができます。

第27条（労働の権利）

私たちには、働く権利があります。私たちはいろいろな人と一緒に働く権利、自由に仕事を選ぶ権利があります。ほかの人と平等に働くことができるよう、必要な支援を受けることもできます。

第29条（政治参加の権利）

私たちは、政治に参加する権利があります。選挙のとき自分で候補者を選んで投票したり、立候補したりすることができます。投票所は誰でも入りやすくなっていなければなりません。

第30条（文化、レクリエーション、スポーツなどの権利）

私たちは、さまざまな文化（テレビ、映画、本、演劇など）を楽しむ権利があります。いろいろな人が参加しているスポーツやレクリエーションに私たちも参加できるようにします。

（訳：松波めぐみ）

★「障害者の権利カード」

　これは障害者の権利条約のなかから、権利についての主要な条文を選んでつくったカードです。
　ここで取り上げられていない「権利」が重要でないというわけではまったくありません。
　わかりやすくするために、条文を省略するなどしたため、法律の専門家から見たら正確でない可能性があります。
　カードをつくる際には、『わかりやすい障害者の権利条約―知的障害のある人の権利のために』（参考文献参照）を参考にしましたが、だいぶ変えています。まったくオリジナルのものもあり、すべての責任は松波にあります。

コラムA 「障害」という表記について

　「障害」という言葉について、「あれ、この字でいいのかな？」と思った人はいませんか。近年、行政の文書などでも「障がい」「しょうがい」という表記を見かけることがあります。これは、障害という字、特に「害」という字にマイナスの意味があるから、よくないのではないか、嫌がる人もいるだろうという理由によるものだと考えられます。

　しかし本書では「障害」という字を使っています。なぜでしょうか。

　障害者の権利が発展してきた歴史は、「障害」という言葉の意味内容を変えようとしてきた歴史でもあります。もともと「障害」という言葉は、体のどこかに欠陥がある、すなわち「歩けない、見えない」などのことであり、障害ゆえにできないことが多くあり、不幸だ——ととらえられてきました。そこでは、体に「障害」があるから不利だし、社会参加もできないと考えられていたのです（障害の医学モデル）。

　しかし、そこに障害者運動が異議を唱えはじめます。「体に障害があることが悪いわけではない、健常者中心に『社会』がつくられてきたために、社会のなかにさまざまなバリア（物理的バリア、誤解や偏見など）があること、そのせいで差別され、社会参加できないことが問題ではないか」という考え方です。「社会がつくっているバリア」が障害問題の核心であり、社会全体で取り除いていかなくてはならないというこの考え方（障害の社会モデル）は障害者権利条約の原動力になりました。

　この考え方でいくと、「社会がつくっているバリア」を直視せずに、ただ「害」という字をひらがなにして「障がい者」とし、ソフトなイメージにしたところで、バリアをなくしていくことにはなんら役立たないでしょう。むしろ問題の本質をぼやかしてしまいます。そういう理由もあって、「障がい」という表記を好まない当事者も多いのです。

　もちろん、「障がい」という表記を好む人がいれば、それは尊重されるべきでしょう。ただ「障害」という言葉は、その本質的な意味を個人から「社会」のほうへシフトしてきた歴史をもっているということ、まだまだ社会に問題があるからこそ「障害」という語が使われているという事実は、もっと知られてよいと思います。

〈松波めぐみ〉

コラムB 「私たち抜きに、私たちのことを何も決めないで！」

　障害者権利条約のなりたちを語るうえで、欠かせないのが「私たち抜きに、私たちのことを何も決めないで！」（Nothing about us, without us !）というスローガンです。

　障害者はかつて、一人前の人間として認められず、せいぜい「保護される客体」でしかありませんでした。どこでどんな生活をおくるのかを、医学や福祉の専門家が決めていました。このスローガンの背景には、障害者の処遇、障害者に関する制度や法律が、障害者自身の声を「抜きに」（＝声を聞くことなく）決められてきたという歴史があるのです。

　1970年ごろから世界各地で「重い障害があっても地域で自分らしく生きられる」社会をめざした自立生活運動が展開されました。障害者を無力な存在とみる専門家、また一般の人たちの偏見に向き合うなかで、自身を「権利の主体」としてとらえるようになった障害者は、自分たちこそ、経験にもとづく知恵があり、社会を変えるための具体的な提案ができるという自信をもちました。

　だから障害者権利条約は「さまざまな障害者の声を十分に反映させてつくらなければならない」という思いを、世界中の障害者が共有していました。

　条約ができるまでに繰り返しおこなわれた話し合いの会場には実に多様な障害者――障害種別も人種・民族も――が世界中から集まっていました。障害者NGOはもちろん、政府代表団のなかにも車いす使用者、白杖をついた人、手話通訳をつけて出席している人がいました。「障害をもつ本人の声を条約に反映させなければならない」という強い意思が、そこにはありました。

　話し合いのなかで誰かを「抜き」にしないよう、さまざまな注意が払われていました。例えば意見書を出すときは、紙の資料だけでは視覚障害のある人がアクセスできないので、電子データでウェブにアップするよう要請されました。まさに条約策定のプロセスが「私たち抜きに……決めないで！」の実践といえました。

　このスローガンの精神を引き継いで、日本国内の障害者制度改革においても、各地方での条例づくりでも、「さまざまな障害者の参加」が実践されています。

　ちなみに、「私たち抜きに、私たちのことを何も決めないで！」という言葉は、障害者だけにあてはまるものではありません。このスローガンは、かつてのポーランドの労働者運動や、反アパルトヘイトの運動で使われていたことからもわかるように、弱い立場の人が「自分にかかわる決定」から排除されやすいと指摘し、そうあってはならないと訴える、普遍的な主張といえます。

　あなたにとって、「自分について何かが決められる場」とはどこでしょうか。そこに十分、参加できているでしょうか。「勝手に決められている」と感じたことはありませんか。あるいは参加できるはずの機会を放棄したことはないでしょうか。このスローガンは、「権利の主体になる」とはどういうことかを問いかけています。

〈松波めぐみ〉

◉……解説

　2014年1月、ついに日本政府は障害者権利条約を批准しました。

　この条約は、ほかのどの条約よりも、実際に差別を受けてきた当事者の主導によってできた条約といえます（コラムB参照）。障害者運動のなかで発展した理念の理論化、政策をつくる努力、合意形成の努力などが実ったものです。

　ただ、条約の国内への普及、広報は始まったばかりですから、教師やファシリテーターを務める人も、これまで十分に学ぶ機会がなかったのではないでしょうか。そんななかでいきなり「権利条約の内容」を学ぶことは、とてもハードルが高いと感じられるかもしれません。

　障害者権利条約を批准する準備として、2013年6月の国会で「障害者差別解消促進法」（差別解消法）が成立しました。この法律は2016年4月から施行予定ですが、やはりその理念や内容は十分に知られていません。

　とはいえ、どこの地域、いつの時代でも、障害（児）者が日常的に悔しい思いをしていること、社会参加の機会を制限されていることは変わりません。その悔しい思いを、「障害があると、大変だね」「みんなで仲良くしよう、助け合おう」などと個人的、道徳的なレベルでとらえるのではなく、"社会のなかのバリアが生み出している問題"としてとらえるトレーニングをすることは、今すぐ始められることでしょう。このとらえ方こそが、障害者権利条約のベース（障害の社会モデル）です。

　このレッスンプランでは、最初に、具体的な事例を読んで、想像力を働かせてもらいます。その後、グループで話し合うなかでほかの人の意見に耳を傾け、さらに状況について想像をふくらませます。そのうえで、それが「あってはいけないこと」（差別）なのか、「しかたがないこと」なのかを考えてもらう作業をします。

　どの事例も、「あってはいけないこと」と答えたら正解——という単純なものではありません。現実の社会には、「悪気はなかったのだから」「相手にも事情があるから」しかたがないのではないかと考える人は少なくありません。権利を守りたくてもすぐにはむずかしい場合もあります。それを自分がどう受け止め、考えるのか。ほかの人の意見を聞いて自分の意見は変わるか。「あってはいけないこと」だとしても、どのように解決したらいいか、まるでわからないと感じる例もあると思います。

　このように、葛藤を経ながら考え、対話することが、障害者の権利を理解し、擁護する姿勢につながっていくでしょう。

　具体例に向かい合って、頭と気持ちを悩ませたあとで、「障害者の権利カード」を受け取り、事例と「権利カード」を突き合わせる作業をおこないます。おそらく想像しにくいことや、すっきりと対応しないこともありますが、混沌とした現実に対して、ちゃんと「権利」が定められているということに気づくことができるといいでしょう。

　最後に、カードに書かれた「障害者の権利」が、実はどれも「障害者だけの権利」ではないことに気づく——というプロセスをふむことが重要です。差別のない社会が、「自分」たちのためにもなるということが少しでもわかれば、成功といえるでしょう。

参考文献──障害者権利条約や、その考え方を学ぶための本・パンフレット

社会福祉法人全日本手をつなぐ育成会『わかりやすい障害者の権利条約―知的障害のある人の権利のために』(「日本発達障害連盟」のサイトから入手可能)
障害者差別解消法解説編集委員会編『概説　障害者差別解消法』法律文化社、2014年
長瀬修・川島聡・東俊裕編『(増補改訂)障害者権利条約と日本―概要と展望』生活書院、2012年
野沢和弘『条例のある街―障害のある人もない人も暮らしやすい時代に』ぶどう社、2007年
東俊裕監修『障害者の権利条約でこう変わる　Q&A』解放出版社、2007年
福祉新聞社編『障害者権利条約で社会を変えたい』福祉新聞社、2008年(日本障害者協議会〈JD〉のサイトから入手可能)
　＊多様な立場、障害種別の人が、条約の各条項にどんな期待を込めているかが綴られている。
松井亮輔・川島聡編『概説　障害者権利条約』法律文化社、2010年
ふじいかつのり・著、里圭・絵『えほん　障害者権利条約』汐文社、2015年

JDF(日本障害フォーラム)『みんなちがってみんな一緒！　障害者権利条約〔改訂版〕』2014年(JDFのサイトから入手可能)
JDF(日本障害フォーラム)『障害者権利条約はこうして生まれた―ドン・マッケイ講演録』2010年(JDFのサイトから入手可能)

参考ウェブサイト

(一財)アジア・太平洋人権情報センター「用語の説明―障害者権利条約」2014年
　http://www.hurights.or.jp/japan/learn/terms/2011/08/post-21.html　(2015.8.13アクセス)

〈松波めぐみ〉

子どもの権利条約

子どもの権利
──リアルストーリーで考えよう

日本が子どもの権利条約（児童の権利に関する条約）を批准（1994年4月）して20年が経過しました。しかし、子どもの権利侵害事象は後を絶ちません。まずは、子どもの権利条約とその精神をより多くの人が知ることが大切です。そして、子どもたち自身が権利を適切に行使できるようになる学習が必要です。

ねらい

1 身の回りのさまざまなニュースに対する自分の気持ちと子どもの権利を関係させ、より子どもの権利を身近に引き寄せて考えよう。
2 子どもの権利を擁護するためには、何が必要かをグローバルに考えよう。

準備するもの

ステップ①
「子どもの権利を考える新聞記事」（人数分）、ワークシート①（A3に拡大したもの。グループ数×2）、「子どもの権利条約カード」（グループ数×1セット）

ステップ②
「ハシナとジュンのストーリー」（人数分）、ワークシート②（A3に拡大したもの。グループ数）

時間のめやす

ステップ①：50分、ステップ②：50分

進め方

■ステップ1…子どもの権利を考える新聞記事

1 4人程度で1グループとなるようにグループ分けをする。

2 グループごとに着席し、自己紹介のあとにグループ名を考える。

3 ファシリテーターは参加者全員に「子どもの権利を考える新聞記事」1枚と各グループにワークシート①「これってどうなの？ 新聞記事」1枚を配る。

4　ファシリテーターは、グループごとに記事番号を1つ指定し、20分間を目安にワークシートを完成するように伝える。また、各グループで、このワークシートの記入係を決める。

5　参加者は、ワークシート①の1に沿って、グループに指定された記事を読み、自分の感じた気持ちとその理由をグループ内で発表する。感じる気持ちは、参加者によって異なるので、複数の気持ちに〇をつけてもよい。

6　ファシリテーターは、各グループに「子どもの権利条約カード」のセットを配る。

7　参加者は、ワークシート①の3に沿って、各グループでその記事に関係すると思う「子どもの権利条約カード」を選ぶ。

8　参加者は、グループで気づいたことや感じたことを話し合い、ワークシートに記入する。

9　ファシリテーターは、20分経過のあと、各グループに異なる記事番号を指定し、同様にワークシートに取り組むように伝える。

10　ファシリテーターは、新聞記事①から順に、その記事についてワークシートに取り組んだグループに話し合ったことや選んだ条約カードについて発表するように伝える（新聞記事についてはファシリテーターが直近のものと入れ替えてもよい）。

■ ステップ2…「ハシナとジュンのストーリー」から考える

1　ファシリテーターは、「ハシナとジュンのストーリー」を全員に配る。ハシナはバングラデシュの首都ダッカで、ジュンは日本の大阪で実際に生活している人であることを伝え、全員に2人のストーリーを読むように伝える。

2　ファシリテーターは、各グループにワークシート②「ハシナとジュンのストーリーから考えよう」を配り、ハシナはドロップインセンターのスタッフに、ジュンは児童館の館長と出会ってから、人生を変えていったことと、出会う前は社会から「発見」されていない状態であったことを確認しておく。

3　ファシリテーターは、各グループで、ハシナが「発見」される前はどのような状態であったか、「発見」されてからは、どのように変わっていったかをワークシートに書き込むように伝える。次に、そのときのハシナはどんな気持ちであったか、またどのように気持ちが変化していったかを想像し、その気持ちを違う色（赤など）で書き込むように伝える。

4　ジュンについても同様にワークシートに取り組むように伝える。

5　各グループに、ワークシートに書き込んだことを発表する。「気持ち」については、班で異なる意見が出るので、ファシリテーターは各班が想像した「気持ち」を全体で共有するようにする。

6　ファシリテーターは、ハシナもジュンも「発見」されるまでは、ステップ①で学習した子どもの権利が侵害されていた状態であったことを確認し、子どもの権利擁護のために何が必要かを各班で話し合うように伝える。

7　各班で話し合ったことを発表する。

参考

　ステップ①の「これってどうなの？ 新聞記事」は、セーブ・ザ・チルドレン・ジャパン作成の「Be Partners—子どもの権利教材」を参考に新聞記事を抜粋して掲載している。ファシリテーターは元記事の全文に目を通しておくこと。また、日本ユニセフ協会作成の『「子どもの権利条約」カードブック』のカードは、裏面に条約文が掲載されているので参照のこと。

　ステップ②の「ハシナのストーリー」はシャプラニール＝市民による海外協力の会 (www.shaplaneer.org/) が制作したDVD「生きる力を持つ子どもたち—ダッカのストリートチルドレン」、バングラデシュフィルムインスティチュート制作「子どもたち　歩み続けた10年間」および駐在員の講演を、また「ジュンのストーリー」は新聞記事（「学校に通うふりをした無戸籍少女　児童館員らの支援で短大へ」2014年9月6日、「貧困や虐待に負けるな　釜ヶ崎の児童館　こども支え30年」2010年5月13日、いずれも朝日新聞）と本人からの聞き取りをもとに構成した。大阪市西成区にある児童館「こどもの里」(www.k5.dionne.jp/~sato/) の活動を紹介したドキュメンタリーも活用のこと。

発展

- "Child to Child"
　学習者がファシリテーターとなって、小学校などに出前授業に行き、子どもたちに子どもの権利を伝えに行こう（66頁のコラム参照）。
- 新聞記事に掲載されている当事者や支援グループの話を聞こう。

子どもの権利を考える新聞記事

記事①「桜宮高バスケ部体罰自殺」……遺族が大阪市を提訴へ

　大阪市立桜宮高校バスケットボール部の2年男子生徒（当時17歳）が昨年12月、同部顧問から体罰を受けた翌日に自殺した問題で、「自殺は体罰が原因だった」として、遺族が大阪市を相手取り、慰謝料など1億数千万円の損害賠償を求める訴訟を近く東京地裁に起こすことがわかった。遺族の代理人弁護士によると、男子生徒が自殺する以前から、桜宮高では、教諭らが他の運動部での体罰を校長らに訴え、バスケ部についても、顧問だった元教諭（47）（懲戒免職）の暴力について市に公益通報があったのに、当時の校長が十分な調査をしていなかった。こうした経緯を踏まえ、遺族側は「学校が適切な対応をしていれば、自殺することはなかった。組織の責任を明らかにしたい」と主張するという。

　　　　　　　　　　　　　　　　　　　　　　　　（読売新聞、2013年12月2日より抜粋）

記事②「希望って何ですか　貧困の中の子ども」
　　　　……相対的貧困　6人に1人　子どもの未来考えたい

　世界第3位の経済大国・日本に、信じがたい現実がある。14.9％。2013年末、ユニセフなどが公表した「子どもの貧困率」だ。標準的な所得の半分未満で暮らす、18歳未満の子どもの割合を示す。11月、日光市内。すっかり日が落ちて暗い駐車場を、中学3年と小学4年の兄妹が身を寄せ合い歩いていた。まとわりつく小柄な妹を、背の高い兄が「仕方ないなあ」とおんぶする。心地よい満腹感に満たされている。生活保護家庭の兄妹。家計は苦しく、家で食事をすることは少ない。昼は学校給食。夕食は、支援者の元でおなかいっぱい食べる。貧困は、さまざまな影響を及ぼし、子ども期にとどまらず連鎖していく。私たちは子どもの姿を見つめ、考え続けたい。「希望って何ですか」と。

　　　　　　　　　　　　　　　　　　　　　　　　（下野新聞、2014年1月1日より抜粋）

記事③「『JKお散歩』は人身売買」……米国務省が年次報告書

　米国務省は20日、世界各国の人身売買の実態をまとめた年次報告書を公表した。日本については、女子高生とデートできるとうたった「JKお散歩」と呼ばれる接客サービスを新たな性目的の人身売買の例として示した上で、各国の取り組みを4段階に格付けした中の、上から2番目の評価に据え置いた。日本が2番目の評価にとどまったのは10年連続。報告書は「援助交際」も人身売買の例に挙げ、「日本に来る外国人の女性や子供の中には、到着後すぐに売春を強要される者もいる」と指摘。「日本人男性は、東南アジアやモンゴルでの児童買春ツアーの大きな需要源」とも記した。

　　　　　　　　　　　　（時事ドットコム〈ワシントン時事〉、2014年6月20日より抜粋）

子どもの権利条約

記事④「子どもの肥満、改善されず」……運動不足　健康が心配

「子どもたちが自分から外に出て体を動かさないようになってしまった」。中学1年生から2歳まで5人の子育てをする福島市の主婦Rさん（37）は子どもの運動不足を心配する。原発事故が起き、屋外遊びがあまりできなかった。一時的に太り気味になった子どももいたという。県内各地に屋内遊び場が整備されたが、幼児向けの施設が多い。「自治体は、小中学生でも思い切り体を動かせる屋内施設を整備してほしい」

（福島民報、2013年12月14日より抜粋）

記事⑤「いじめ防止、劇など活用」……県対策チーム会議で小中高生発表

滋賀県内の小中高校の児童生徒が、いじめ問題について教育関係者らと話し合う「子どもによる滋賀県いじめ対策チーム」の本年度最終会議が26日、大津市の県庁で開かれ、子どもたちが各校でのいじめ防止の取り組みや思いを発表した。子どもたちからは「いじめられている人に声を掛ける」ことの難しさを訴える声が上がり、中高生からは「大人はスマートフォンの使用を注意するが、LINE（無料通信アプリ）で文章で書くほうが悩みを相談しやすい」との意見も出た。会議で出た意見は、アクションプランの改訂や今後の施策に生かす。

（京都新聞、2013年12月26日より抜粋）

記事⑥「インクルーシブ教育を考えるシンポジウム」……「ともに学ぶ」全国へ

豊中市立大池小で1日あった「第12回インクルーシブ教育を考えるシンポジウム」。ともに学び、育つ社会の実現に何が必要か、約250人が参加した会場で熱心な議論が交わされた。同市では約40年前から、インクルーシブ教育に取り組んでいる。パネル討論では、脳性まひによる身体障害をもつH大1年のTさん（18）が「友達としゃべったり、口げんかをしたり、ごく普通のことをしてきた。インクルーシブ教育のおかげで、人とつながれた」と、文字盤などを使い、小中学校時代を振り返った。

（毎日新聞、2014年2月2日より抜粋）

記事⑦「在日外国人：子供の不就学1万人『国際人権規約に違反』」
　　　　……研究者ら国に対策要請へ

弁護士や研究者らで作る国際人権法政策研究所は、日本在住の外国人に教育が義務化されておらず、多数の子供が就学していないのは「国際人権規約に違反している」として、3日、実態調査や対策を文部科学省へ求める。日本に住む、小中学齢期の外国人約10万1500人の4割弱、約3万8000人が日本の小中学校に通っていない。多くは文科省が正規の小中学校と認めない外国人学校に在籍するが、1万人以上は完全な不就学とみられる。

（毎日新聞、2014年3月1日より抜粋）

記事⑧「性的少数者の７割いじめ　３割、自殺考えた」……ネット調査

　同性愛者や性同一性障害者など性的少数者「LGBT」のうち７割が学校でいじめに遭い、３割は自殺を考えたことがあるという実態が、民間団体のインターネット調査で明らかになった。LGBT全体を対象にしたいじめに関する大規模な調査は初めて。いじめを行ったのは、大半が同性の同級生だったが、12％は「担任教師」と回答した。

（朝日新聞、2014年５月10日より抜粋）

記事⑨「厚木・男児遺棄致死」
　　　　……遺体を７年放置　父親逮捕　児相は不就学通報せず

　厚木市のアパートの一室で、白骨化した子どもの遺体が見つかった事件で、県警と厚木署は31日、保護責任者遺棄致死の疑いで、トラック運転手Ｓ（36）を逮捕した。遺体は当時５歳だった同容疑者の長男とみられる。県厚木児童相談所や同市によると、長男は2004年、迷子になっていたところを厚木署員に保護されて以降、同児相や同市によって所在が確認できず、死後７年以上にわたって放置されていたとみられる。同児相は2008年12月に長男が小学校に入学していないことを把握していたが、県警に通報していなかった。厚木市も長男の所在を確認しないまま、学齢簿と住民登録から抹消していた。

（神奈川新聞、2014年６月１日より抜粋）

記事⑩「朝鮮学校差別　劇で反対訴え」……上演学生「事実知って」

　高校無償化制度から外れ、自治体の補助金が停止されている朝鮮学校への差別に反対する学生たちが全国集会を開く。朝鮮学校を守るため、在日朝鮮人たちが取り組んだ1948年の運動を題材にした創作劇「チョゴリ」を上演する。学校づくりに奔走する母親役を演じるＴ大４年Ｋさん（22）は、高校まで都内の朝鮮学校に通った。ミサイル発射実験などで日朝関係が不安定になった時は、制服ではなく体操着姿で集団登下校をしたこともあったという。「ヘイトスピーチやネットへの書き込みなどだけでなく、無関心も差別だと思う。見て、事実を知ってもらいたい」と話す。

（東京新聞、2014年３月８日より抜粋）

記事⑪「無戸籍」……人として認められたい

　産まれたときに出生届が出されず、戸籍をもたないまま30代、40代になった人たちが声を上げている。背景には、実父が違っていても、母親が婚姻中なら法律上のその夫、離婚後300日以内の場合は前夫の戸籍に入れられてしまうという民法の規定がある。DVから逃れた母親が、暴力を振るう男性との接触を絶つために、出生届を出せないというケースも多い。時代遅れの法律が、罪もない人々を「抹殺」している。

（東京新聞、2014年６月23日より抜粋）

ワークシート❶

これってどうなの？ 新聞記事

グループ名（　　　　　　　　　）

記事番号（　　　）

1. 記事を読んであてはまる自分の気持ちを〇で囲んでください。
    ※いくつ〇をつけてもかまいません。ない場合には（　）の中に書いてください。

かなしい	不思議だな	苦しい（つらい）
うれしい	おどろいた	よかった
不安だな	納得できない	腹が立つ
どうにもできない	どうにかしたい	（　　　　　　）

2. その気持ちを選んだ理由や感想を書いてください。

3. 記事と「子どもの権利条約カード」のなかで関係すると思う条文を選んでください。

　　　　　　条文：　第（　　　　　　　　　　　）条

4. 気づいたことや感じたことを書いてください。

ハシナとジュンのストーリー

ハシナのストーリー

　ハシナは、幼い頃にお父さんが亡くなり、お母さんと二人で首都ダッカへ出てきてスラムで生活していました。しかし、お母さんには精神疾患があり、着る服や食べ物をハシナに満足に与えることができなかったので、ハシナは5歳の頃に、ある女性のもとに養子に出されました。しかし、まだ幼くお手伝いができないと怒られてばかりで、家を飛び出して路上で生活をするようになりました。その頃は周りの大人から「ゴミ拾いの子」と言われ、暴力を受けたこともありました。また、読み書きもまったくできない状態でした。

　ある日、何人かで公園でいるところをNGOのスタッフに「新しくできたドロップインセンターに来ないか」と誘われました。はじめは、そのスタッフのことを「人身売買」をする人かもしれないと断りましたが、何日も熱心に誘ってくれたのでセンターに行ってみました。センターは子どもたちがテレビを観たり、ボードゲームをして遊んだり、水浴びや料理もできるところだと知り、とても好きになり毎日通うことになりました。

　1年後には夜間にセンターで宿泊できるようになり、ハシナもセンターで生活を始め、小学校にも通うようになりました。大好きな歌や踊りで自分を表現することもできるようになりました。

　成長するにつれ、ピアサポーター（子どもリーダー）としても活躍するようになりました。外国の会議にも出席して、バングラデシュの子どもたちへの暴力について発表したこともあります。センターでは子ども銀行委員会の帳簿係を務めながら、自分でもお金を貯める習慣を身につけ、スラムで暮らしていた病気の母親を引き取り、アパートで共に暮らすようになりました。

　そして、友人から紹介された工場で3年間、電球の組み立ての仕事をしたあと、現在はセンターにスタッフとして戻り、ストリートスクールの先生として、子どもたちの勉強や生活の手助けをする仕事をしながら、自らも高校生として勉強を続けています。

ダッカのドロップインセンター
（写真提供：シャプラニール＝市民による海外協力の会）

ジュンのストーリー

　ジュンは大阪・釜ヶ崎のドヤ（簡易宿泊所）の4畳半と3畳の2室で両親と3人の弟の6人で暮らしていました。父は稼ぎをアルコールやパチンコにつぎ込んでしまい、家計は母がたこ焼き屋やドヤの掃除の手伝いでしのいでいました。

　ジュンは11歳まで小学校に行ったことがありませんでした。父と母は前の配偶者との離婚が成立していなかったので、子どもたちの出生届を出せませんでした。それでジュンたちは無戸籍となり、小学校からの就学通知も来ませんでした。

　ジュンは、たまたま通りがかかった地域の児童館の人に「いつでも遊びにおいで」と声をかけられ、学校に行っているふりをして放課後に児童館に通いました。

　ある日、児童館の館長が「運動会、いつ？　応援に行くから」と運動会に行くと「そんな子いませんよ」と言われました。早速その晩、ジュンの家に行き「学校に行きたいんちゃうの？」との館長の言葉に、ジュンの涙は止まらなくなりました。ジュンは小5、すぐ下の弟は小3で初登校しました。

　館長と仲間たちの奔走で、のちに戸籍もつくられました。そして、ジュンが小6のときに父が蒸発し、高3のときに母もいなくなり、きょうだい5人が離散の危機になったときも、児童館が後ろ盾となって一緒に暮らせるよう区役所にかけ合いました。

　ジュンは高校を卒業して老人ホームに勤めましたが、館長の「先生になったら」との勧めもあり、役所に進学について相談しました。しかし「生活保護のくせに短大に通うの？」との職員の言葉に、ジュンは二度目の涙を見せました。館長は仲間にカンパを呼びかけ、2年分の学費200万円を集めました。

　その後、ジュンは短大を卒業し、小学校の教壇に立ちました。「血のつながりがあってもなくても、寄り添い認めてくれ、期待してくれることが力になる。生きづらさはあるけど、乗り越えつつ笑って歩いている感じ」とジュンは言います。

　現在は子育てをしながら、雑貨店で働いています。

大阪市西成区の児童館「こどもの里」

ワークシート❷

ハシナとジュンのストーリーから考えよう

グループ名（　　　　　　　　　　）

	ハシナ	ジュン
「発見」 される前		
「発見」 されて以降		
子どもの 権利擁護に 必要なこと		

子どもの権利条約　59

子どもの権利条約カード　＊破線で切り離して使います

第1条	18歳になっていないすべての人を子どもとします。	第2条	子どもは人種・性別・宗教・障がい・貧富の差・考え方などによって差別されない権利をもっています。
第3条	子どもは国や大人から、子どもにとって何が最もよいことなのかを考えてもらう権利をもっています。	第4条	子どもは国にこの条約を守ってもらう権利をもっています。
第5条	子どもは親またはその代わりになる人から心や体の成長に合ったサポートを受ける権利をもっています。	第6条	子どもは生きる権利・育つ権利をもっています。
第7条	子どもは名前や国籍をもち、親を知り、親に育てられる権利をもっています。	第8条	子どもは名前・国籍などをうばわれないように、国に守られる権利をもっています。
第9条	子どもは親に問題がないかぎり、親と一緒に暮らす権利をもっています。	第10条	子どもは他国に住む親や家族に連絡をとれ、会える権利をもっています。
第11条	子どもは無理やり他国に連れて行かれず、自分の国に戻れる権利をもっています。	第12条	子どもは自分の意見を自由にあらわす権利をもっています。
第13条	子どもはいろいろな方法で情報や考えを伝える権利をもっています。	第14条	子どもは考え方や宗教などを自分で選ぶ権利をもっています。
第15条	子どもはグループをつくり、集まる権利をもっています。	第16条	子どもは知られたくないことを秘密にでき、また信用や評判を傷つけられない権利をもっています。
第17条	子どもはいろいろな情報を手に入れることができ、よくない情報からは守られる権利をもっています。	第18条	子どもはまず、親に育てられる権利があります。そのため国は親をサポートします。
第19条	子どもは親や養育する者からの暴力やひどい扱いから守られる権利をもっています。	第20条	子どもは親と一緒に暮らせない場合、国から代わりとなる親や家庭などを用意してもらう権利をもっています。
第21条	子どもは養子になる場合、国が調べ、認めた新しい親のもとで育てられる権利をもっています。	第22条	子どもは難民となって他国へのがれた場合、その国で特別な保護やサポートを受ける権利をもっています。

第23条 子どもは心や体に障がいがあっても、社会に参加し十分な生活を送る権利をもっています。	**第24条** 子どもはいつでも健康でいるために、医療・保健サービスを受ける権利をもっています。
第25条 子どもは施設に入っている場合、そこでの扱いがよいものかどうか、定期的に調べてもらう権利をもっています。	**第26条** 子どもは生活がむずかしい場合は、国からお金などのサポートを受ける権利をもっています。
第27条 子どもは心や体を十分に成長させていけるような生活を送る権利をもっています。	**第28条** 子どもはみんな同じように教育を受ける権利をもっています。また、学校のルールは子どもを尊重したものでなくてはなりません。
第29条 子どもは教育のなかで、自分の心や体のもつ力を伸ばしていく権利をもっています。	**第30条** 子どもは少数民族や先住民族であっても自分たちの文化を守り、宗教を信じ、言葉を使う権利をもっています。
第31条 子どもは休んだり遊んだりすることができ、スポーツ・文化・芸術活動に参加する権利をもっています。	**第32条** 子どもは心や体によくない危険な仕事や教育が受けられないような仕事から守られる権利をもっています。
第33条 子どもは麻薬や覚せい剤などから守られる権利をもっています。	**第34条** 子どもは性的な暴力から守られる権利をもっています。
第35条 子どもはゆうかいされず、売り買いされない権利をもっています。	**第36条** 子どもは誰からも幸せをうばわれない権利をもっています。
第37条 子どもはごうもんや死刑など心や体にひどい扱いを受けない権利をもっています。	**第38条** 子どもは自分の国が戦争をしている場合でも戦争に巻きこまれず兵士として連れていかれない権利をもっています。
第39条 子どもはひどい扱いで傷を負った場合、心と体の健康を取り戻す権利をもっています。	**第40条** 子どもは裁判を受ける場合、社会に戻ることをまず考えてもらい、そのためのサポートを受ける権利をもっています。
第41条 子どもは「子どもの権利条約」よりもっと良い法律や決まりがあればそれを使う権利をもっています。	**第42条** 子どもは「子どもの権利条約」を知る権利をもっています。

出典：セーブ・ザ・チルドレン・ジャパン作成「Be Partners —子どもの権利教材」（一部筆者が改訂）
http://www.savechildren.or.jp/file/be_partners.pdf

●……解説

●子どもの権利条約について

　子どもの権利条約は、国連・子どもの権利宣言の30周年にあたる1989年に国連総会で全会一致で採択されました。この条約制定に最も大きな役割を果たした国はポーランドでした。ポーランドは、二つの世界大戦で何百万人もの子どもが犠牲になった経験があり、またコルチャック博士のように、子どもを権利の主体として尊重する伝統を背景としてもっていたからです。そして、開発途上国では、病気・栄養失調や紛争に巻き込まれて毎年何百万人の子どもが命を落とし、先進国でも虐待やいじめなどの子どもに対する暴力や性的搾取など、子どもの権利侵害の事象が後を絶たない現実があります。

　この条約は、国際条約のなかでも異例なスピードで締約数が増え、現在（2015年7月）195の国・地域が締約しています。まさに、国際社会全体が受け入れている子どもの権利に関する国際基準だといえます。2005年には「児童の売買、児童買春及び児童ポルノに関する児童の権利に関する条約の選択議定書」と「武力紛争における児童の関与に関する児童の権利に関する条約の選択議定書」、2011年には「個人通報制度を定める選択議定書」が採択されています。

　日本は子どもの権利条約を1994年に批准し、これまで3回、政府報告書を提出しています。そして、それらが審査され、子どもの権利委員会から「総括所見」を3回（第1回1998年、第2回2004年、第3回2010年）受けています。第2回目と第3回目の総括所見のなかで強く勧告されたことは「権利基盤アプローチ」の欠如でした。子どもの権利委員会はこの権利基盤アプローチを、子どもを援助が必要な「客体」として扱う「保護アプローチ」からパラダイム転換し、「差別の禁止（第2条）、子どもの最善の利益の考慮（第3条1項）、生命、生存および発達（第6条）ならびに子どもの意見の尊重（第12条）を常に指針としながら、義務の保有者が権利を尊重、保護および履行する義務を果たす能力および権利の保有者が自己の権利を請求する能力を発展させることにより、条約に掲げられた子どもの権利の実現を前進させるアプローチ」と定義しています（一般的意見13号：「あらゆる形態の暴力からの自由に対する子どもの権利」）。この教材は、まさにこの「権利基盤アプローチ」にもとづき作成したものです。

　次に、それぞれの記事が権利条約のその条文と関係が深いかを説明します。ただし、一般原則である第2条、第3条、第6条および第12条はどの内容にも関連しています。

　条文については日本ユニセフ協会の「子どもの権利条約」全文を参照してください。

●学校における暴力（体罰・いじめ）について

　「記事①」体罰自死事件や「記事⑤」の背景となった大津いじめ自死事件については、第6条「生命への権利、生存・発達の確保」や第3条「最善の利益」、第19条「暴力・虐待からの保護」を脅かすものです。後者の事件を受けて、2013年「いじめ防止対策推進法」が制定されました。また、前者の体罰については、第28条「教育への権利」2項「学校における規律や懲戒が、子どもの人間としての尊厳を傷つけない方法で行われなければならない」や第37条「拷問の禁止」

(a) に抵触します。2013年文科省は「体罰の禁止及び児童生徒理解に基づく指導の徹底について（通知）」を出しています。これら学校における暴力の防止についてはすでに第1回総括所見で「とくに体罰およびいじめを解消する目的で包括的な計画を作成し、かつその実施を注意深く監視するよう勧告する」とされていました。学校が、子どもにとって「安心・安全」な場所となるための環境づくりや救済システムの構築が求められます。

「記事⑤」については、第12条「意見表明権」や第13条「表現の自由」も該当します。第3回総括所見の「子どもの意見の尊重」の項において「学校において子どもの意見が重視される分野が限定されていること、および、政策策定プロセスにおいて子どもおよびその意見に言及されることがめったにないことを依然として懸念する。委員会は、権利を有する人間として子どもを尊重しない伝統的見解のために子どもの意見の重みが深刻に制限されていることを依然として懸念する」と指摘を受けています。

●健康・発達の確保について

「記事④」福島県の子どもの健康については、第6条の2項「子どもの生存および発達を可能なかぎり最大限に確保する」をもとに、第24条「健康・医療への権利」に明示されている「到達可能な最高水準の健康を享受する権利」や2項（c）「親や子どもが健康について情報が提供される」ことが保障されているかが問われます。原発事故後、大量の放射性物質が放出され、周辺地域では年間の許容被ばく線量が引き上げられました。屋外遊びに消極的な背景には、そこで暮らす保護者や子どもたちの低線量被ばくへの不安があるからではないでしょうか。特に、子どもは大人よりも放射線感受性が高く、このような状況下で第31条「休息、余暇、遊び、文化的・芸術的生活への権利」を保障するために、「あらゆる適当な立法上および行政上の措置」（第3条、第4条）をとることが求められます。

●貧困・虐待について

「記事②」子どもの貧困については、第3条「最善の利益」、第6条「生命への権利、生存・発達の確保」を基本とし、第24条「健康・医療への権利」、第26条「社会保障への権利」、第27条「生活水準への権利」、第28条「教育への権利」、第31条「休息、余暇、遊び、文化的・芸術的生活への権利」が奪われないように「あらゆる適当な立法上および行政上の措置」（第3条、第4条）をとることが求められています。2013年に「子どもの貧困対策法」が施行されたことは意義深いことですが、貧困根絶のためにより具体的な計画の策定が求められます。

「記事⑨」虐待については、第19条「親による虐待・放任・搾取からの保護」において、虐待から子どもを保護するための立法、行政、社会教育および必要に応じて司法的関与の措置をとるべきとされています。2004年の「児童福祉法」改正により、自治体において児童相談所と関係機関が連携し対応する要保護児童対策地域協議会が法制化されました。しかし、記事にあるような事件は後を絶たず、より深い連携が求められます。第3回総括所見においては民法（第822条）で「しつけ」として親の懲戒権行使権が認められていることにより、子どもが家庭で暴力を受ける恐れを生じさせていることが懸念されています。

「記事⑪」無戸籍の子どもについては、第7条「名前・国籍を得る権利、親を知り養育される

権利」の1項で「子どもは出生の後直ちに登録される」と規定されています。子どもは「登録」されることにより、国・自治体からの権利擁護や福祉サービスの対象とされます。しかし、日本では出生届出義務者が届けないと子どもは無戸籍となります。届けられない要因として記事にもあるように民法第772条2項があげられています。無戸籍の子どもたちは全国に少なくとも数千人いると推計され、申し出があれば行政サービスを受けられることになりましたが、そもそも無戸籍の子どもをつくらないことが求められます。

また、オーバーステイとなった親が強制退去を恐れて出生の届出をせず、子どもが無国籍になっているケースが多数あることから、権利委員会は「(a) すべての子どもの登録を確保し、かつ子どもを法律上の無国籍状態から保護するため、条約第7条の規定にしたがい、国籍および市民権に関わる法律および規則を改正すること」と勧告しています。

●差別の禁止について

第2条「差別の禁止」の1項において「子どもまたは親もしくは法定保護者の人種、皮膚の色、性、言語、宗教、政治的意見その他の意見、国民的、民族的もしくは社会的出身、財産、障害、出生またはその他の地位にかかわらず、いかなる種類の差別もなしに、この条約に掲げる権利を尊重し確保する」としています。2項では「親、または家族構成員の地位、活動、表明した意見または信条」についても明示されています。

「記事⑥」インクルーシブ（障害者を包摂する）教育については、第23条「障害のある子どもの権利」1項において、障害のある子どもが「尊厳」「自立」「参加（インクルージョン）」の原則のもとで「十分かつ人間に値する生活」を送るべきとされ、3項において、「可能な限り全面的な社会的統合と個人の発達に貢献する方法で、教育、訓練、保健サービス、リハビリテーションサービス、雇用準備およびレクリエーションの機会を確保する」とされています。日本は、総括所見で勧告されてきた「障害者の権利に関する条約」に2014年1月に批准し、記事にあるようなインクルーシブ教育の先進的な取り組みをさらに日本全体にどう広めていくのかが問われます。

「記事⑦」「記事⑩」マイノリティの子どもの教育については、第28条「教育への権利」を保障し、かつ第30条「少数者・先住民の子どもの権利」における「民族上、宗教上もしくは言語上の少数者、または先住民が存在する国においては、当該少数者または先住民に属する子どもは自己の集団の他の構成員とともに、自己の文化を享受し、自己の宗教を信仰しかつ実践し、または自己の言語を使用する権利を否定されない」や第29条「教育の目的」1項（c）における「子どもの親、子ども自身の文化的アイデンティティ、言語および価値の尊重、子どもが居住している国および子どもの出身国の国民的価値の尊重」を発展させることとされています。朝鮮学校は戦後、まさしく民族的マイノリティの権利擁護のために建てられた学校です。第3回総括所見においても「委員会は、アイヌ、コリアン、部落その他のマイノリティの子どもが引き続き社会的および経済的周縁化を経験していることを懸念する」「締約国に対し、民族的マイノリティに属する子どもへの差別を生活のあらゆる分野で解消し、かつ、条約に基づいて提供されるすべてのサービスおよび援助に対し、このような子どもが平等にアクセスできることを確保するため、あらゆる必要な立法上その他の措置をとるよう促す」と提言されています。ルーツをもつ国との関

係にかかわらず、国際基準としてある子どもの人権を保障することが求められます。

「記事⑧」性的少数者の子どもについても、上述の第2条「差別の禁止」や第6条「生命への権利、生存・発達の確保」、第29条「教育の目的」をもとに考慮すべきであると考えられます。2008年「性同一性障害者の戸籍性別の取り扱いに関する特例法」が施行されましたが、記事にあるように性的少数者の子どもたちの多くがいじめを経験し、自殺を考えるほどの厳しい状況におかれています。このことについて、これまでに権利委員会からの勧告はまだありませんが、自由権規約委員会が2014年の総括所見で「締約国は、レズビアン、ゲイ、バイセクシュアル、トランスジェンダーの人々に対する嫌がらせの申立てを捜査し、またこうした固定観念、偏見及び嫌がらせを防止するための適切な措置をとるべきである」と勧告しています。

◉人身取引、性的搾取について

「記事③」人身売買については、第34条「性的搾取・虐待からの保護」で「あらゆる形態の性的搾取および性的虐待から子どもを保護することを約束する」とされ、「(b) 売春または他の不法な性的行為に従事するような子どもを勧誘または強制すること」から防止するためのあらゆる措置をとるとされています。また、第35条「誘拐・売買・取引の防止」、第36条「他のあらゆる形態の搾取からの保護」でも「あらゆる形態の搾取から子どもを保護する」とされています。しかし、日本では性産業における子どもからの性的搾取や人身売買事例は後を絶ちません。第3回総括所見において、委員会は「買春によるものも含む子どもの性的搾取件数が増えていることに対する懸念をあらためて繰り返す」「子どもの性的搾取の事件を捜査しかつ加害者を起訴するとともに、性的搾取の被害者に対してカウンセリングその他の回復援助を提供する努力を締約国が強化するよう勧告する」としています。

参考文献

喜多明人他編『逐条解説 子どもの権利条約』日本評論社、2009年
日本弁護士連合会編『子どもの権利条約・日弁連レポート 問われる子どもの人権―日本の子どもたちがかかえるこれだけの問題』駒草出版、2011年
荒牧重人他編『子どもの権利 アジアと日本』三省堂、2013年
ARC平野裕二の子どもの権利・国際情報サイト http://www26.atwiki.jp/childrights/pages/13.html

〈肥下彰男〉

コラム 子どもの声を聴く

　前職で所属していたセーブ・ザ・チルドレンは「子どもの権利」が実現される世界をめざし、世界約120カ国で活動を展開する国際子ども支援NGOです。私が担当していたのは国内事業で、子どもたちの意見表明を促進するために、子どもの権利や国際協力に関する参加型学習プログラムを実施する"Speaking Out"という活動です。また教材の開発にも従事していました。子どもが学ぶ子どもの権利教材「Be Partners」もその一つです。

　大阪府立松原高校との出合いは、2004年、事務所訪問のため生徒を引率された山田正人先生に、"Speaking Out"の"Child to Child"という授業を提案したのがきっかけでした。授業で学んだ世界の出来事を、小学生に伝えに行くことが目的です。5年間継続して、授業で「子どもの権利条約」を知るワークから、プログラム案のつくり方まで、4週間連続で数名のボランティアスタッフとおこないました。5年生に伝えに行くと、毎回、真剣に聞いてくれ、終わると高校生も伝えきった喜びがあり、失敗で泣き出す生徒もいました。そのような感動が起き、子どもたちの力を感じられる素晴らしい授業でした。

　リーマンショックが起こり、日本にも不況の風が吹き始めました。子ども支援に携わるなかで、貧困が子どもの夢や希望を奪っていくということがわかり、国内の子どもの貧困問題を政策提言するための、"Speaking Out Against Poverty"を立ち上げました。京阪神の子どもたちに「子どもたち100人が貧困について話しました」という調査を2010年7月から2011年2月におこない、まとめようとしていた矢先に東日本での大震災が起きました。私も緊急支援や復興支援として、"Speaking Out From Tohoku"という子どもたちが復興に向けたまちづくりに参画するプロジェクトを企画し、1年間かかわりました。

　ですが、自身の子どもが小さく出張が大変、また日本の子どもの貧困問題に携わっていきたいという想いも募り、2012年に組織を離れ、2013年に「大阪子どもの貧困アクショングループ」を立ち上げました。餓死や心中といった子どもが巻き込まれるような悲劇を繰り返したくないという想いから活動を展開しています。具体的には、子どもの貧困の実態を知るため、現在「シングルマザーたち100人がしんどい状況について話しました」という調査や「助けてって言ってもええねんで」というカードを配る夜回り活動。つながった方には「居場所」に参加していただいたり、民間のサポート団体や行政につないでいきます。幼少期のネグレクトの経験などから、人に頼ったことがない方やSOSを出した際に冷酷な対応を受け、人間不信になっておられる方、問題が複雑に絡み合い、何から手をつければよいのかわからなくなくなっている方もおられます。そうした方々の心や問題を個別に「ほぐす」活動に力を入れています。

　大切にしていることは、子どもの話を聴くことです。子どもが問題を抱えたときに、SOSを出せることが必要です。SOSが出せれば手を差し伸べられ、助かる確率が高くなります。子どもが人や社会を信頼することが大切です。そのために大人は、子どもの話を聴き、理解できる言葉で説明をする必要があると考えています。

〈徳丸ゆき子〉

女性差別撤廃条約

ジェンダーとは？
——「私らしさ」を大切にするために

　日本は男女が平等に扱われている社会でしょうか。ずっと日本で育っていると、そんなことを改めて考える機会はなかったかもしれません。社会の授業では「日本国憲法では男女の平等が保障されています」と習うので、当然、男女は平等と考え、生きてきたかもしれません。

　でも、そうでしょうか。改めてよく考えると、男性が圧倒的多数を占める地位や立場、女性しかいない職場はたくさんあります。それは一人ひとりが自由に選んだ結果なのでしょうか。そして、どうしてそのような違いが生まれるのでしょうか。

　知らず知らずのうちに「女」「男」で分けて考えたり、「女らしさ」「男らしさ」で自分を縛ったり、他人に求めたりしていることはありませんか。それは自然なことなのでしょうか。世界の動きにも目を向けながら考えます。

ねらい

1 生まれたときから、知らず知らずのうちに「女らしさ」「男らしさ」を学びながら育ってきたことに気づこう。
2 そうした「女らしさ」「男らしさ」については、「当たり前」と感じて受け入れていることも多く、気づくのがむずかしい場合があることにも気づこう。
3 「ジェンダー」を理解することを通じて、「女らしさ」「男らしさ」に縛られず、「自分らしく」生きることの大切さを感じよう。
4 「女らしさ」「男らしさ」に苦痛を感じている人がいることに気づこう。
5 さらに一歩進んで、身の回りの「当たり前」が本当にそうなのか、問い直してみよう。

準備するもの

ホワイトボードまたは黒板、ポストイット、ワークシート、資料

時間のめやす

ステップ①：40〜60分、ステップ②：40〜60分

> 進め方

■ステップ❶…自分らしさへの第一歩：ジェンダーについて知ろう

1　「男女の違いや自分らしさについて考えます」という導入で授業を始める。「ジェンダー」という言葉は、必ずしも使わなくてもかまわない。

2　「『女』『男』と聞いて、頭に浮かぶ言葉をいくつでも書き出してみましょう」と呼びかける。すぐに思いつかないようなら、いくつか例をあげてみる。例えば、「強い」「髪が長い」「会社員」「すぐ泣く」「リーダー」「おしゃべり」「筋肉」「母」「父」「論理的」「出産」など。自分のノートに書いてもらっても、大きめのポストイットを準備して、それに書いてもらってもよい。ポストイットを使う際は、1枚のポストイットには一つの言葉（コメント）を書くように伝える（3〜5分。ただし、グループによっては、もう少し長くとってもよい）。

3　ある程度、参加者からのコメントが出てきたところで、ホワイトボードあるいは黒板を左右二つに仕切り、一方を「女」、もう一方を「男」の欄とし、一人ひとりに前に出てきてもらって書きだしてもらうか、ポストイットをホワイトボードや黒板に貼ってもらうか、どちらかの方法で、みんなに見えるように、参加者のコメントを示す。

（例）

女	男
やさしい　料理　すぐ泣く　きれい 化粧　妊娠　世話好き　髪が長い おしゃべり　マニキュア　母　生理 スカート　繊細　主婦　強い 体が柔らかい　赤　気配り ハイヒール　情緒的　寒がり　集団行動 買い物好き　我慢強い　まめ 器用　子育て　ピアス　卵子 守られる　甘いもの好き	会社員　怒る　強い　理科系　リーダー 筋肉　しきる　力仕事　営業 汗　自分勝手　黒　精子　バイク せっかち　論理的　機械に強い 雑　やさしい　暑がり　大黒柱 父　声が大きい　乗り物好き　軍隊 ひげ　背が高い　お酒に強い　責任感 泣かない　いばる　家庭を支える 守る

4　ファシリテーターが一つひとつ読み上げて確認していく。ファシリテーターは、何を意味しているのかを確認することはしても、コメントそのものには疑問をはさまない（「どうしてこの言葉を書いたのですか」「どうしてこう思ったのですか」とは問わない）ことが大切。

5 ひととおり確認が終わったら、ホワイトボードあるいは黒板の「女」「男」を逆にする。今まで、「男」という欄にあったコメントが、「女」という欄に来ることになる。

(例)

男	女
やさしい　料理　すぐ泣く　きれい 化粧　妊娠　世話好き　髪が長い おしゃべり　マニキュア　母 生理　スカート　繊細　主婦 強い　体が柔らかい　赤　気配り ハイヒール　情緒的　寒がり　集団行動 買い物好き　我慢強い　まめ 器用　子育て　ピアス　卵子 守られる　甘いもの好き	会社員　怒る　強い　理科系　リーダー 筋肉　しきる　力仕事　営業 汗　自分勝手　黒　精子　バイク せっかち　論理的　機械に強い 雑　やさしい　暑がり　大黒柱 父　声が大きい　乗り物好き　軍隊 ひげ　背が高い　お酒に強い　責任感 泣かない　いばる　家庭を支える 守る

ファシリテーターは、再度、「男」「女」欄のコメントを読み上げていく。ファシリテーターは、「女」「男」が入れ替わっても大丈夫か、そのような人がいるかを尋ねながら進める。

6 「入れ替え可能であった言葉」と「入れ替え不可能であった言葉」「入れ替えられるかどうか迷った言葉」を整理し、それぞれの特徴を考える。「入れ替え可能であった言葉」は、意識、慣習、文化、社会、経済、政治、宗教といった要因に左右される性差（例えば「気配り」「器用」「泣かない」）であり、「入れ替え不可能であった言葉」は、生物的機能に関連する性差（例えば「妊娠」「出産」「精子」「卵子」など）である。そこから、性差には2種類あること、すなわち「ジェンダー」（文化的・社会的・主観的な性差）と「セックス」（生物的な性差)」の理解につなげる。「入れ替え可能かどうか迷う」言葉としては、「父（父親、お父さん）」「母（母親、お母さん）」などがある。生物的な意味では入れ替え不可能ですが、社会的役割という意味では入れ替え可能ということになる。

7 2種類の性差それぞれの特徴を整理したプリントを配布する（資料「ジェンダーとは？」）。性差には2種類あること、変わらない性差もあるが、変わる（変わってきた、常に変化している）性差もあることへの理解が生まれれば、このワークの目的は達成されたといえる（とりわけ小中学生レベルまでであれば、「ジェンダー」「セックス」という言葉を使う必要はないかもしれない）。

ステップ①の解説

「女らしさ」「男らしさ」にまつわる言葉を入れ替えてみると、いろいろと楽しいコメントが出てきて、教室が笑いに包まれることもよくあります。そして、ほとんどの言葉が入れ替え可能なことに、まず驚くのではないでしょうか。一方の性の可能性が高いかもしれませんし、「そのように信じている」かもしれませんが、入れ替えた場合が「ないわけではない」、そして、驚くことに、男女に関係なく「自分の周囲にも入れ替えた場合の友人や知人が存在する」ことに気がつくと思います。

性差には、「入れ替え不可能な（変化しない生物的）性差」と、「入れ替え可能な（常に変化する文化的・社会的・主観的・慣習的・宗教的）性差」があり、前者を「セックス」、後者を「ジェンダー」と呼びます。

ジェンダーは、社会的に構築された性差であり、その多くは、ステレオタイプ（固定観念）と表現することも可能です。ジェンダーという概念を理解することにより、人間を「女」「男」というグループ（カテゴリー）でとらえ、グループに想定される（期待される）役割、能力、性質にもとづいて個人を理解・判断するのではなく、一人ひとりに焦点を当てて、その個性や能力を見ることの意義と重要性を理解することができます。いずれかの性に特有のものだと思われてきた役割、能力、性質が、「生来的なもの」でも「運命」でもなく、歴史的、社会的に「男女」に割りふられ、学ばされてきたものであり、「決められたこと」「決まったこと」と考えなくてもいいと伝わることが重要です。そして、変化しない性差については、その性差（具体的には妊娠や出産など）を理由として不利益を被らないことが大切であり、それが本当の意味での平等（実質的平等）だという理解にもつなげることができれば理想的です。

男女に対する異なる役割や期待が、社会のなかで長期にわたって維持されてきた結果が、今日のさまざまな場面における男女の社会的格差、例えば政治や経済分野における意思決定への参加に関する男女間の格差に反映されています。家庭や学校など、さまざまな場での扱いや期待の違いが、個々人の将来に対する希望や選択肢に影響を与え、さらにそのことが世代間で繰り返されることによって、こうした現状が生まれています。現状に関する統計やデータは「過去の歴史的な男女の扱いの違いや差別を反映した状況」であることを伝えることが重要です。

さらに、「現在の社会における意識や慣習が、私たちの過去に対する見方をも規定する」という点にもふれることができるでしょう。縄文遺跡を訪れた海外の歴史研究家が、当時の生活を復元したジオラマの前で「いったい誰が見たのか」と質問したというエピソードを聞いたことがあります。ジオラマでは、女性は集落のなかで食事をつくり、子どもの世話をし、男性は狩猟採集のために集落の外で活動するという光景が表現されていたのですが、そのような光景は「誰が見た」のでしょうか。そうした性別役割分業が縄文時代に存在したかどうかは憶測の域を出ないでしょう。ジオラマが再現しているのは、「現代の人間の頭のなかにある縄文時代の姿」です。そうした再現方法に潜むジェンダー意識の問題と、展示によって再生産される性別役割分業意識についてふれることも効果的でしょう。

そのことにより、私たちが「自然」「常識」「当たり前」と思い込んできた性別の分業や役割について批判的に検討することが可能になります。

よく提起されるコメント

しばしば提起されるコメントを以下にあげます。みなさんは、どのように答えるでしょうか。
1) 「確かに男性以上に筋力が強い女性もいるし、男性より走るのが速い女性もいる。男性より背が高い女性もいる。だけど、ほとんどの場合は男性のほうが上だ」あるいは「腕力では女性は男性にはかなわない」（なので「男性のほうが強い」あるいは「男性のほうが偉い」）
2) 「性同一性障害、あるいはトランスジェンダーの人についてはどう考えればいいのか」

1) について

平均値で考えると男性のほうが身長が高く、小学校高学年以降では50メートル走などの運動能力の平均値は男性が女性を上回るかもしれません。しかし、そのことを理由に、どちらが優れているという判断を下すことは可能でしょうか。

サッカー選手で考えると、コートジボワール、日本、ドイツの選手の平均身長や体重、さらに走る速度などの身体能力には差があるかもしれませんが、それらを根拠に「どちらが強い」「どちらが偉い」と、サッカー選手としての優劣を云々することが不可能なことは明らかでしょう。サッカーのプレーには、それ以外の多様な能力、スキル、チームワークなど、いくつもの要素が加わり、個人あるいはチームとしての「力」が生まれます。男女についても、同様なことがいえるのではないでしょうか。身体や運動能力の平均値における差を、男性優位を受け入れる意識に結びつける傾向には十分な注意を払いたいものです。腕力の強さをもって男性の優位性や、場合によっては男性による女性への支配を当然と考える意識についても同様です。

スポーツの分野における男女の身体能力については、興味深い研究成果があります。それによると、最高記録や平均値で比較すると男性が優位であっても、男性の98％は女性の最高レベルの身体能力よりも低く、同性間の個人差のほうが、男女間の平均値の差より大きいということです。[注1] そうなると、最高記録や平均値をもって男女間の身体能力の差をことさら強調すること自体が、多分にジェンダー意識に影響された認識であるといえるのではないでしょうか。

2) について

性差・性別に関する研究が進み、知見が蓄積されるなかで、性別が単純に二つに分けら

注1…飯田貴子「身体能力の性差再考」木村涼子他編著『よくわかるジェンダー・スタディーズ』ミネルヴァ書房、2013年、169頁

れないものであることも理解されるようになってきました。自身の生物学的性別に違和感を覚える性同一性障害やトランスジェンダーの人たちの存在が広く知られるようになり、また、外性器、内性器、性腺、性染色体の構成については、多様な組み合わせが存在することも明らかになってきました。「性別」の判定は実は簡単なことではなかったのです。

　ところで、以前は、生物学的な違い（セックス）が、もともと存在していて、それを社会的に構築したのがジェンダーと考えられていました。しかし現在では、女性を男性から「差異化」し、男性が「標準」で女性が「非標準」と位置づけるためにジェンダーが構築され、「女」「男」に明確に線引きがおこなわれるようになったと考えられています。

　性差・性別に関する私たちの意識が、ジェンダーにもとづく二分法によって再構築・再生産され、日々の生活のさまざまな場面で（現実にはその必要がないのに）物事を男女に分けて判断し、または行動することに結びついていることには、実は確かな根拠はないということが、セクシュアル・マイノリティの人たちの問題意識や主張により、さらに明確になってきています。

■ステップ2…ジェンダー経験を探ってみよう

　ジェンダー（あるいは二種類の性差）に関する理解が得られたところで、次に一人ひとりのジェンダー経験を探ってみよう。

1　まず、4人から5人のグループをつくります。男女混合グループのほうが、気づきの多いディスカッションになる傾向が強いようだ。

2　ワークシート「あなた自身のジェンダー経験を探る」を配布し、設問への答えを考えてもらう。まず一人ひとりで考える時間をとり、それから、出てきた答えをグループ内で共有してもらう。一つひとつの設問それぞれに時間をとってもいいが、まず最初の2つの設問を考えてもらい、過去のジェンダー経験を探ることに時間をとることを勧める。

3　最後の設問3は、参加者によっては削除し、ディスカッションのなかでファシリテーターから投げかけるという方法が望ましい。

注意点
　設問への答えをグループ内で共有する際には、「言いたくないことは言わなくてもいい」ことを伝えるようにしてください。「個人的な経験」や「他人に打ち明ける気持ちになれない経験」については無理に共有する必要はありません。

ステップ②の解説

　ワークシートの設問にすぐに答えが出てくるかどうかは、育った環境に大きく左右されます。小さい頃の経験であるために記憶の底に沈んでいたり、あまりにも内面化してしまったために意識できなかったり、楽しくない経験であったために記憶から消し去っていて、なかなか思いつかないこともあります。

　そんなときは、家庭や学校、あるいは友人との経験をふりかえってみるよう促してみてください。まず、「親、保育園や幼稚園の先生、友だちから言われたことを思いだしてみてください。『女なのに』とか、『男だったら』と言われた経験はありませんか」と問いかけ、家庭や学校でのできごと、友人との経験をふりかえるよう促します。

　高校生や大学生では、異性の姉妹・兄弟と異なる扱いをされたり、違った言葉をかけられた経験があるかどうかで、答えが大きく変わる傾向があります。「女性である自分だけ、門限を厳しく守らされた（る）」「男の子なんだから、いつまでも泣くなと言われた」「法事で親戚が集まったときに、私（女性）だけ手伝わされた」「女のくせにでしゃばるなと言われた」「家族を養ってこそ男と言われる」といった例を紹介し、記憶の糸をたぐるための助け舟を出してみてください。ほかの人の意見を聞くうちに、自分自身の経験を思い出すこともよくあります。

　このアクティビティは、自分では何も思いつくことがない場合でも、ほかの参加者のジェンダー経験を知ることができる貴重な機会になります。「そんなことを感じていたんだ」「そんなふうに言われると嫌だったんだ」という新鮮な発見は、他人をジェンダーの枠にはめて考えることの弊害に気づくと同時に、ジェンダーにもとづく縛りなのであれば、そうした縛りから自分も他人も自由に考え行動できる（可能性がある）という理解につながります。自分にとってはまったく苦にならなかった経験や気にとめなかった言葉が、ほかの人にとっては楽しくない、あるいは苦痛な経験になっていることに気がつくことにもなり、ジェンダーに関する異なる経験と受け止め方を知ることができる機会になります。

　設問3は、「やりたいけれどできないと思っていること」が、セックス（入れ替え不可能な性差）にもとづく違いによるのか、それともジェンダー（入れ替え可能な性差）にもとづく違いによるのかを考えることにより、「起こせる変化」に気づくアクティビティになります。「やりたいけれどできないと思っていること」が、ジェンダーにもとづく性差によるものなのであれば、変化を起こすことが可能です。

　例えば、国会議員、保育士、看護師、パイロット、車掌など、以前は（公式あるいは非公式の理由により）一方の性の人間にしか認められていなかった職業や地位が、現在では両性に開かれている例はたくさんあります。「保母」と、女性の職業であることが明示されていた時代に、国家試験を受験しようとした男性、実際に保育園での職を求めた男性、そうした「起こせる変化」に挑戦していった人たちによって、性別が壁になっていたさまざまな領域で両性の活躍が可能になりました。世界のさまざまな場所で、女性首相や女性大統領も誕生しています。

ジェンダーにもとづいていながら、「ジェンダーによるものなのだから変えることは可能」と簡単に言うことが最も困難なのが、「女性がバックパックで一人で世界放浪」「女性が一人で野宿」といった行動です。そう考えると、ジェンダーに関連する問題で、最も取り組みがむずかしいのが「女性に対する暴力」の問題であることにも気づくことができます。ジェンダーにもとづく課題なのですから、変革は可能ですが、現実の行動に際しては、その変革に伴うリスクを考慮し対応する必要もあります。

ふりかえり・まとめ

ジェンダーに気づくことで見えること

　ジェンダー理解との関連で、重要と考えられるポイントをまとめてみます。

1) 家庭、学校、メディアから日常的に刷り込まれているジェンダーの存在に気づく。
2) その枠に自分をはめこんでいないか、自分を枠にはめることがしんどくないか、ふりかえってみる。
3) しんどいなら、「自由になれる、自由になっていい」可能性に気づく。
4) そのようにして自分をふりかえってみることが、自分を大切にする第一歩にもなる。
5) 自分はしんどくないとしても、ジェンダーの枠がしんどい人がいることが理解できるようになる。
6) 他人を（多くの場合、無意識のうちに）ジェンダーの枠にはめこんでしまわず、一人の人間として接することの大切さを考える。女、男である前に、みな一人の人間として扱われたいのではないだろうか。
7) ジェンダーを認識し、ジェンダー意識から自由になることによって、一人ひとりが、周りの人と、自由で柔軟で相手を尊重する関係を築いていくことの大切さに気づく。
8) 教員という立場からは、「隠れたカリキュラム」と呼ばれる、無意識のうちにおこなわれる男女に対する異なる期待、態度、声かけ、視線の投げかけ、役割分担などをしていないか、ふりかえってみる。

「最初の一歩」となる基本のメッセージ

　「女なのに」「男なのに」「女だったら」「男だったら」「女だから」「男だから」と、言ったり、考えたりするのはやめてみよう！

注2…しかし、これらの行動をしてきた（している）女性がいることも事実であり、そうした女性がおこなってきた配慮や対策に触れることは、自分で自分の可能性を閉ざしてしまわない、あるいはできないと思っていたことをやっている女性がいるという励ましを提供する意味で有効です。
注3…このことは、女性からの「女の子なんだから、部屋の掃除くらいしなさい」と言われたときと、「部屋の掃除くらいしなさい」と言われたときに感じる気持ちの違いに驚いたという意見にもあらわれています。
注4…「隠れたカリキュラム」については、木村涼子『学校文化とジェンダー』勁草書房、1999年などを参照。

資料　ジェンダーとは？

性差を示す概念です。

一般的には、ジェンダー＝文化的・社会的性差、セックス＝生物的性差というように簡単に説明されています。

	ジェンダー（Gender）	セックス（Sex）
何にもとづく？	文化的・習慣的・宗教的・経済的な違い	生物的な違い
場所によって？	変化する	変化しない
時代によって？	変化する	変化しない
簡単にいうと？	女らしさ／男らしさ	（一般的な意味での）性別
例えば？	・女子は文系、男子は理系 ・女性はうわさ話が好き ・清書は誰か字のきれいな女子に頼んで ・男の子は、そんなに泣かない ・女の子なんだから部屋の掃除くらいしなさい ・やっぱり男はちゃんと就職しないと ・（成績の良い娘に向かって）あんたとお兄ちゃんが逆だったらよかったのにねえ ・男に入れてもらったお茶なんて飲む気がしない ・（赤い服を着ている赤ちゃんに）えっ、女の子かと思った ・誰か男の人出して	（生物的な意味での）父／母、妊娠、出産、授乳、月経、卵子／精子

※ジェンダーについての考え方は常に変化します

ワークシート

あなた自身のジェンダー経験を探る

名前（　　　　　　　　　　　）

1. 「女（女の子）なんだから」「女だから」「女だったら」「女は」「女なのに」「女のくせに」、または「男（男の子）なんだから」「男だから」「男だったら」「男は」「男なのに」「男のくせに」と言われたことはありますか。それはどんなときでしたか。どんな気持ちがしましたか。

2. 「女性はやらない」「できない」あるいは「男性はやらない」「できない」と考えられていることで、ぜひやってみたいことはありますか。それはどんなことですか。

3. 「やらない」「できない」のは、ジェンダー、セックス、どちらの性差にもとづいていますか。

◉……解説

◉ジェンダーと女性差別撤廃条約

　ジェンダーという言葉と概念が、国際的に注目を集めるようになったのは1980年代のことです。1945年に採択された国連憲章には、国際的な文書として初めて男女の平等が明記され、1948年に採択された世界人権宣言にも男女平等が盛り込まれましたが、現実の社会における男女間の格差や不平等は簡単には解消せず、それを国際的な課題として取り上げる動きが1970年代になって生まれました。そして、1975年が国際女性年とされ、同年、メキシコシティで第1回世界女性会議が開催されました。会議では、1976年から1985年の10年間を「国連女性の10年」とすることが決められました。

　男女間での扱いの違いや格差を是正する取り組みや研究が進むなかで、性差には、生物的な、したがって時代や場所という要因で変化しない性差と、社会的・文化的・政治的・経済的に構築され、時代や場所によって変化する（してきた）性差があることに目が向けられるようになり、後者、すなわちジェンダーが重要な概念として扱われるようになりました。

　変化しない性差は尊重し、変化する性差には柔軟に対応することが、個人の資質、希望、可能性、そして人権を大切にするという観点から重要です。変化しない性差を尊重するという点では、妊娠・出産が女性の人生にとって不利に働かないよう、社会として対応することが大切です。この点は、産業化・近代化とともに変容してきた社会環境、家族関係ならびに雇用形態のなかで見過ごされてきた視点であり、「異なるものは異なって扱う」ことにより実質的な平等が実現されることを社会として認識することが求められます。

　1979年には、男女の平等の実現を国際的に後押しするための重要なツールが誕生します。女性差別撤廃条約[注5]（女子に対するあらゆる形態の差別の撤廃に関する条約）です。この条約は、前文と30条から成り、法律、教育、労働、保健、結婚、国籍など、さまざまな分野における女性に対する差別を禁じています。

　そのなかで、特にジェンダーに関する意識との関連で注目されるのは、「女子に対する差別となる既存の法律、規則、慣習及び慣行を修正し又は廃止するためのすべての適当な措置（立法を含む）をとること」（第2条（f））および「両性のいずれかの劣等性若しくは優越性の観念又は男女の定型化された役割に基づく偏見及び慣習その他あらゆる慣行の撤廃を実現するため、男女の社会的及び文化的な行動様式を修正する」（第5条（a））ことを締約国に求めている条文です。ジェンダー意識の形成にあたり、大きな影響を与える慣習や慣行についても修正や廃止が求められています。

　これは、男女の実質的な平等に向けた意識改革という点で重要な規定ですが、何がそのような「慣習」であり「慣行」なのかを認識することが、まずは大事なステップかもしれません。ある

注5…女性差別撤廃条約の全文は以下のサイトからダウンロードが可能。
http://www.gender.go.jp/international/int_kaigi/int_teppai/joyaku.html

大学で、「サークルのリーダーは原則として男子がやることになっている」と聞かされて、あっけにとられたことがあります。そのため、あるサークルでは、活動しているのは女子だけ、男子は全員、幽霊部員という年があったそうですが、この「慣行」に従い、男子の幽霊部員からサークルのリーダーを選んだそうです。

「サークルのリーダーなんて、その程度の役割」という単純な問題では実はありません。この「慣行」は女性がリーダーになることを阻害しているという意味で、条約違反ともいえる慣行です。そして、男性は、このようなかたちで、知らず知らずのうちに（あるいは自然に）リーダー経験を積んでいくのに対し、女性は「リーダーにならない」経験をしていきます。このことが、社会における女性の可能性に及ぼす影響は過小評価できません。

女性差別撤廃条約は「女性に対する差別」に役割をかぎった条約ではありますが、法律にもとづく形式的平等にとどまらない、男女の実質的な平等を築くための重要なツールです。日本は、女性差別撤廃条約に1980年に署名し1985年に批准しましたが、批准に向けて、いくつかの法律と制度の改正をおこないました。主な改正には、以下のものがあげられます。

①国籍法の改正（父系優先主義から父母両系主義への改正）
②家庭科の男女共修化（中学では1993年、高校では1994年より実現）
③男女雇用機会均等法の制定（雇用の分野における女性差別撤廃のための法整備）

こうした例をあげ、女性差別撤廃条約が、家庭科の男女履修という身近なレベルを含め、さまざまな具体的変化をもたらしてきたことを説明するのも効果的でしょう。

●男女の状況を世界的な視野で理解する――ジェンダー・ギャップ指数から

各国の男女の状況や格差を示すために、いくつかの指数が開発されてきました。最初に世界規模でデータを収集し開発されたのは、国連開発計画が毎年発行する『人間開発報告』の1995年版で発表された2種類のデータ、すなわちジェンダー開発指数とジェンダー・エンパワーメント指数です。国連開発計画は、2010年以降、この2つを統合したジェンダー不平等指数（GII）を算出していますが、2014年発表のジェンダー不平等指数では、日本は152カ国中25位でした。

ここ数年、発表されるたびに話題になるのがジェンダー・ギャップ指数（GGI）です。ジェンダー・ギャップ指数は、スイスに本部をおく非営利財団である世界経済フォーラムが毎年発表している指数ですが、日本は、2010年には134カ国中94位だったのが、2011年には135カ国中98位、2012年にはついに135カ国中101位と3ケタ台の順位になりました。2013年に136カ国中105位となったあと、2014年には142カ国中104位と一つ順位を上げています[注6]。ちなみに、2014年の上位3カ国は、1位アイスランド、2位フィンランド、3位ノルウェーでした。アジアの最高順位は、9位のフィリピンです。次いでモンゴルが42位、そのほかシンガポールが59位、タイが61位、中国が87位を占めています。日本は、「先進国」と呼ばれる国でありながら、どうしてこんなに順位が低いのでしょうか。それは女性の社会進出の度合いと意思決定への参加

注6…内閣府男女共同参画局広報誌『共同参画』2014年12月号を参照。
http://www.gender.go.jp/public/kyodosankaku/2014/201412/201412_04.html （2015年8月アクセス）
また、ヒューライツ大阪の以下のサイトも参考になる。
http://www.hurights.or.jp/archives/newsinbrief-ja/section3/2014/10/105104.html

が、ジェンダー・ギャップ指数では重要な要素になっているからです。

　ジェンダー・ギャップ指数は教育、保健、経済および政治の各分野における男女間の格差を示す指数ですが、教育面では高等教育や専門教育における就学率、保健面では平均寿命や性比、経済面では給与の格差や管理職・専門職に占める女性の比率、政治面では議会など政治的意思決定への参加における男女間の格差を測ります。日本は、政治分野における女性議員や女性閣僚比率の低さ、経済分野における女性管理職比率の低さや男女間の所得格差が原因となり、このような結果になっています。

　こうした指数には、日本に生まれ育つと、「普通」で「当たり前」に思える状況や光景が、視点を変え、世界的な視点で俯瞰すると、「普通」でも「当たり前」でもなく、そして世界のさまざまな国と地域で、いろいろな変化が起こっていることに気づくことができるという重要な利点があります。単に順位が低いことを強調するのではなく、何が違うのか、ほかの国ではどんな変化が起こっているのかに目を向けることが大切です。

　政治分野では、近年、多くの国で「クオータ制」という制度が導入され、女性議員の増加に貢献しています。クオータ制は、Quota（割り当て枠）からくる言葉で、全体の一定割合を、あるグループに割り当てる制度です。クオータ制については、日本では「男女に関係なく能力がある人がやるべき」といった議論が優勢で、なかなか実現への道筋が見えないのが現状です。ですが、ストーカー規制法やDV防止法の成立に向けて女性国会議員が超党派で活動したことを考えれば、立法の場に女性がいることの重要性はいくら強調してもしすぎることはないでしょう。そのことにより、これまで「見えていなかった」そして「重要と考えられていなかった」課題にきちんと目が向けられることになります。また、民主的な意思決定という観点からも、社会を構成するさまざまな人が立法府に議席をもつことは重要でしょう。ジェンダー・ギャップ指数のような国際比較を目的とした指数を理解することを通じて、日本の順位の背景を検討し、こうした課題の理解につなげることができれば理想的です。

参考文献

木村涼子・古久保さくら編著『ジェンダーで考える教育の現在―フェミニズム教育学をめざして』解放出版社、2008年
斎藤美奈子『紅一点論―アニメ・特撮・伝記のヒロイン像』ちくま文庫、2001年
林陽子編著『女性差別撤廃条約と私たち』信山社、2011年

参考ウェブサイト

内閣府男女共同参画局のサイトでは女性差別撤廃条約全文や一般勧告のほか、女性差別撤廃委員会に提出された日本政府の定期報告書および、それに対する女性差別撤廃委員会からの最終勧告などが入手できる。女性差別撤廃委員である林陽子弁護士（2015年2月に日本人で初めて女性差別撤廃委員会委員長に就任）による条約紹介のためのDVD映像や、条約全文がA3サイズに印刷できるポスターのデータ（PDF形式）もアップされている。広報誌『共同参画』もダウンロード可能。毎年12月頃に掲載されるジェンダー・ギャップ指数の順位と解説を含め、国内外のジェンダー政策の現状や課題にふれることができる。

〈三輪敦子〉

国際人権規約／子どもの権利条約

「名前」を大事にしようよ
──外国にルーツをもつ人たちの人権

　人はみなそれぞれに名前をもっています。名前とは、辞書では、「個人を特定する働きをする呼び名」とされていますが、名前自体がその人の属する文化の一部です。そして、その人らしさをあらわすアイデンティティ[注1]の大事な部分を担っています。

　ところで、日本で外国にルーツをもつ[注2]人が自分の名前のことで悩んだり、つらい経験をしたりしています。その人たちは、国際社会で議論されている「民族的マイノリティ」[注3]のグループたちと重なります。まずは具体的なケースから名前をめぐる人権問題について考えてみましょう。

　国際的な人権基準では、名前など個人のアイデンティティについて書かれている文書があるのでしょうか。外国にルーツをもつ人たちの人権を尊重するためにはどんな考え方が必要でしょうか。

ねらい

1　人は一人ひとり違う個性をもった存在であり、名前もその人の人格をあらわす一部であることを確認しよう。
2　外国にルーツをもつ人たちが、自分の本名[注4]（民族名）を名のりにくい現状や背景を知ろう。
3　名前など個人のアイデンティティが尊重されないことが、人権の課題であることを知ろう。

注1…アイデンティティ　もともとは心理学の分野で生まれた言葉で「自己同一性」と訳されたりする。人権の分野では、自分が差別されたり排除されたりする属性である場合、あえてそれを主張することで、社会に問題提起をし、差別の是正やみずからの尊厳を回復するという当事者の行動が続けられてきた。そうした文脈にかかわる定義として「これを欠いては自分ではないと思う属性や特性」（森実『「アイデンティティとカミングアウト」―自己・他者・社会との関わりの中で』（大阪府人権協会編）がある。
注2…外国にルーツをもつ（人）　在日外国人教育や多文化共生教育の実践を通じてよく使われている表現である。「外国につながる（人）」という表現も使われている。〈解説〉のコーナーで詳しく説明しているが、私たちが住んでいる社会は、「日本人」と「外国人」といった単純な分け方ができない多様な背景をもった人たちが増えている。
注3…民族的マイノリティ　マイノリティとは、マジョリティ「多数者」の対になる言葉で、通常は「少数者」と訳されるが、人権文書に出てくるマイノリティは必ずしも数のうえでの少数を意味するのではなく、主流の社会から疎外されたり、周辺化されて差別や不利益を受ける人たちのことをいう。
注4…ここでいう「本名」とは、外国籍の場合は、所属する国に登録された名前を意味する。「名前」といわずに、「本名」という表現になっているのは、〈解説〉にあるように、歴史的な経過のなかで、一番長く多く暮らしてきた在日コリアンの大部分が、「本名」とは別に「通称名」として日本風の名前をもって生活してきたからである。在日コリアンの場合、三世・四世の時代になると個人の名前（いわゆるファースト・ネーム）は日本風に名づけられ、姓（いわゆるファミリーネーム）のみが民族的な名前であるという人たちが増えている。また日本人と外国ルーツのカップルの子どもが、親たちの2つの姓（ダブル・ネーム）を名のっているケースもある。

準備するもの

A4用紙（各1枚）、「名前をめぐる出来事①②③」（82〜84頁）のコピー（グループの数）、適当なサイズの用紙2〜3枚×グループ数（その後のストーリーを書く）

進め方

1 グループに分かれて、A4用紙に自分の名前を書き、その由来について知っていることや自分の感じていることを書く。その後、グループで自己紹介を兼ねて各自が自分の名前について説明する。

2 自分が知っている日本に住む外国にルーツのある人たちの名前を書き出してみよう。時間内にできるだけいろんな名前を出してみる。あとからグループで、名前を読みながらお互いに紹介し合おう。どこの国にルーツがあるか、どういう人かもあわせて紹介する。

3 ファシリテーター（教員など進行役）は、まず自分自身も含めて、それぞれに名前があり、それは他人からも尊重されるべきものであることを確認する。次に地域社会には外国にルーツのあるさまざまな人たちが住んでいて、その人たちの名前は、日本の文化とは違う名づけ方があったり、日本語とは違う発音があることを実感する。

4 次の「名前をめぐる出来事①②③」のストーリーを読んで、各自で役割分担を決めて、ロールプレイをやってみる。

5 「資料①関連する国際人権基準（抜粋）」を見て、「名前をめぐる出来事」がどのような権利として書かれているのかを考えよう。

留意点

「進め方」の2で、外国にルーツのある人の名前を考える作業では、外国にルーツがあっても、外国の名前ではなく日本の名前で暮らす人が少なくないので、日本風の名前が例にあがるかもしれない。それはそのまま書いてもらう。ただし日本の名前ではない人も必ずあげるようにし、同じように外国にルーツがあっても、さまざまな名前の使い方があることを知る。さらに「名前をめぐる出来事」を通じて、外国にルーツのある子どもたちが、名前のことで悩んでいる現実を一緒に考えることにつなげる。

■名前をめぐる出来事❶

　朴民俊(パクミンジュン)さんは、大阪で生まれた在日コリアン三世で国籍は韓国です。生まれてからずっと本名(民族名)で暮らし、今は地元の、ある日本の大学に通っています。アルバイトの募集広告を見て、日本人の友達の鈴木春子さんと飲食店に履歴書を持って応募に行ったら、朴さんは、その場で「雇ってもいいけど日本の名前にしてほしい」と言われました。

　　ロールプレイ役割分担
1) 在日コリアン三世で大学生の朴民俊さん
2) 大学の同級生で、一緒にアルバイトの応募に行った鈴木春子さん
3) 飲食店の店長

朴「まだ、アルバイト募集しています?」
鈴木「私ら、大学でスポーツ・クラブも一緒です。皿洗いとか料理運ぶのとか、力仕事も平気ですし」
店長「アルバイトはまだ募集しているところ。そうやな、見たところ、どっちも体力ありそうやし、続きそうやなあ。履歴書、持ってきた?」
鈴木「はい。私は実家が遠いので下宿してます。まだこの辺の地理もよくわかってないけどがんばります」
朴「私は、この町で生まれ育ったので、近所の様子もよく知ってますし、がんばります」
店長「きみの名前……ぼくさん? う〜ん、パク・ミン…ジュン…。読みにくい名前やなあ。ここは日本人の客ばかりやし……日本の名前はもってないの? それやったら雇ってもいいけど」
朴「えっ?」

➡このあとの、朴民俊さんと鈴木春子さんと店長はどういう話をするだろうか? 続きを考えてみよう。

■ 名前をめぐる出来事❷

　李明さんは中国で日本企業に勤めていましたが、転勤になって日本で勤務することになりました。李明さんは、妻の王麗華さんと子どもの李葉さんと3人家族ですが、3人で日本で一緒に生活することにしました。子どもの葉さんは日本の小学校に通っています。
　最近葉さんが、クラスメートから名前をからかわれたり、悪口を言われたりするらしいのです。李さんと王さんは、葉さんから日本の名前をつくってほしいといわれたので、びっくりしました。李さん親子は担任の先生に相談に行きます。

ロールプレイの役割分担
1) 李葉さん（李明さんの子ども）
2) 李明さん
3) 担任の先生

担任「今日はどうしたのですか？」
李葉「友だちが、ぼくの中国の名前がおかしいって笑う。それから、遠足のお弁当の中身が変だとか悪口を言うし。だからぼくもみんなと同じように日本の名前がほしい」
李明「そういう子には知らん顔したらいいと言ったんですが。私は3年前に来て、この子とこの子のお母さんは小学校に入る年になったので昨年中国からきたところだし。日本語や日本の学校のことがよくわからないので……。子どもが言うように日本の名前に変えたほうがいいですか？」

➡このあとの、**李明さん、李葉さん（李さんの子ども）、担任の先生**の話はどう進むでしょうか？

■ 名前をめぐる出来事 ❸

　日本で働いていた両親が、生活が落ち着いたというので、13歳のグレタ・マリア・ガルシア・ゴンサレスさんが南米のペルーから呼び寄せられて日本に来ることになりました。そして日本の中学校に通うことになりました。ペルーの名前の文化は、日本の名前の文化とはかなり違います。個人の名前＋父方の姓＋母方の姓が基本ですが、個人の名前は1つとはかぎりません。グレタさんのように2つある人もたくさんいます。もっと長い人もいます。ところで中学校に入学しようとするとき、学校の先生が、どのような名前を使いたいかと聞いてくれました。そこで、いつも使っている「グレタ・ガルシア」と書いたら、先生が「うーん、日本語では、『ぐれた』は、不良になったとかいう言葉なので、名前をからかわれたり、いじめられたりしないかなあ。もう1つの名前のマリアにしたらどうですか」と強くアドバイスしました。グレタさんとお母さんは心配になり、近所に住む、グレタさんと同級生の子どもがいる日本人のあきこさんに相談しに行きました。このあと3人の会話はどう続くでしょうか。

　ロールプレイの役割分担
1) グレタ・マリア・ガルシア・ゴンサレスさん
2) グレタさんのお母さん
3) 同級生のお母さんであるあきこさん

お母さん「ペルーにいるときも、日本でも、家ではグレタと呼んでいるけど、この名前ではいじめられるからといわれると不安で」
グレタ「日本語で、『不良になった』という意味があるなんて、聞いてびっくりした。私はどうしたらいいですか？」
あきこ「たしかに、発音にひっかけて名前をからかう子たちはいるかもね……」

➡ このあとの、グレタさん、グレタさんのお母さん、あきこさんの会話はどう進むのでしょうか。

資料① 関連する国際基準（抜粋）

市民的及び政治的権利に関する国際規約（自由権規約）
(1979年、日本が締約国になる)

第2条 1 この規約の各締約国は、その領域内にあり、かつ、その管轄の下にあるすべての個人に対し、人種、皮膚の色、性、言語、宗教、政治的意見その他の意見、国民的若しくは社会的出身、財産、出生又は他の地位等によるいかなる差別もなしにこの規約において認められる権利を尊重し及び確保することを約束する。

第27条 民族的（ethnic）、宗教的又は言語的マイノリティが存在する国において、当該マイノリティに属する者は、その集団の他の構成員とともに自己の文化を享有し、自己の宗教を信仰しかつ実践し又は自己の言語を使用する権利を否定されない。

子どもの権利条約
(1994年、日本が締約国になる)

第30条 民族的（ethnic）、宗教的若しくは言語的マイノリティ又は原住民である者が存在する国において、当該マイノリティに属し又は原住民である児童は、その集団の他の構成員とともに自己の文化を享有し、自己の宗教を信仰しかつ実践し又は自己の言語を使用する権利を否定されない。

マイノリティ権利宣言（民族的〈national or ethnic〉、文化的、宗教的、言語的マイノリティに属する人びとの権利に関する宣言）

国際連合総会決議47/135　1992年12月18日採択

第1条 国家は、それぞれの領域において、マイノリティの存在とその民族的（national or ethnic）、文化的、宗教的、言語的アイデンティティ（独自性）を保護し、そのアイデンティティを促進するための条件を助長しなければならない。

（以上の訳は『マイノリティの権利とは―日本における多文化共生社会の実現にむけて』より抜粋）

資料② 統計で見る在日外国人

　2014年12月末の法務省統計では、約212万人の在日外国人がいます。これは外国籍の人の数で、無国籍の人も含まれますが、短期滞在や非正規滞在（オーバーステイなど）の人などは含まれません。また日本と外国の両方の国籍を持っている人も含まれません。統計で見る在日外国人は、日本の総人口の約1.7％にあたります。東京、大阪、愛知、神奈川など都市部や東海地方の製造業の多い地域などでは在日外国人の割合はもっと高くなります。

全国の過去の上位6カ国の在日外国人　　　　　　　　　　　　　　　　　　　　　　　　　　（単位は人）

1980年	韓国・朝鮮	中国	米国	フィリピン	イギリス	ドイツ	その他	総数
	664,536	52,896	22,401	5,547	4,956	2,800	29,774	782,910
1990年	韓国・朝鮮	中国	ブラジル	フィリピン	米国	ペルー	その他	総数
	687,940	150,339	56,429	49,092	38,364	10,279	82,874	1,075,317
2014年	中国	韓国・朝鮮	フィリピン	ブラジル	ベトナム	米国	その他	総数
	654,777（台湾は除く）	501,230	217,585	175,410	99,865	51,256	421,708	2,121,831

法務省「在留外国人統計」より

●……解説

●外国にルーツがある人たちのことをもっと知ろう

　外国にルーツのある人が日本社会にたくさん暮らしています。外国にルーツがある人たちのなかにもいろいろな立場の人がいます。海外から来て日本に住んでいる外国籍の人もいれば、両親のいずれかが外国籍の人もいます。さらには祖父母が外国籍の人もいるし、日本と外国の両方の国籍をもっている人もいます（日本の国籍法は、重国籍を認めていないので、満22歳までにいずれかの国籍を選択しなければならないとされています）。

　また日本の国籍法は「父母両系血統主義」の考え方を採用しているので、両親がいずれも外国籍であれば、日本で生まれても自動的に日本国籍を取得するわけではありません。その国に生まれると自動的にその国の国籍を取得する米国のような「出生地主義」の考え方を採用している国とは違います。外国人が日本国籍取得を希望する場合は、法務局に「帰化」を申請して法務大臣の許可を得る必要があります。統計では帰化によって日本国籍を取得した人は、50万人以上（1952～2012年）になります。

　ですから外国籍をもつ人の数字だけでは、外国にルーツのある人の現状を正確には語ることはできません。実際には日本人と外国人の境目は限りなくあいまいなのです。

　しかし、私たちは、しばしば日本国籍＝日本人、外国籍＝外国人というふうに単純に分けて、この二つのグループに属する人たちは全然違う存在と考えがちです。しかも少し前までは日本は「単一民族」国家であるという誤った考え方が強く残っていました。私たちは、日本国籍をもつ人のなかにもさまざまな民族のルーツをもつ人がいることをもう少し丁寧にみる必要があります。外国人ではない民族的なグループもいます。例えば、日本政府はアイヌ民族が先住民族であることを認めています。また、国際結婚などによって、家族のなかで国籍が違うという人たちもいます。兄弟姉妹でも国籍が違うこともあります。

　国が違うから、名前の文化も違うと思われがちですが、同じ国でも民族が違ったり、住んでいる地域が違えば、名前の文化も違ったりします。例えば、中国のように少数民族が多く住んでいる国や米国のように先住民族と多くの移民から構成されている国などではいくつもの名前の文化があります。また世界には姓をもたない民族もいます。

●在日コリアンと名前

　約60年の歴史をふりかえると2006年以前は、在日外国人のなかで最も多い国籍（等）は、「韓国・朝鮮」籍でした。このことは1910年の「韓国併合」によって朝鮮半島が日本の植民地になった経緯のなかで朝鮮半島の人たちが日本に移り住み、1945年の日本の敗戦後（植民地解放後）も多くの人が日本に留まらざるをえなかったからです。「韓国併合」から一世紀以上が経過した今では、在日コリアンも世代を重ね、日本国籍を取得した人も増えてきました。また在日コリアンの結婚についても、在日コリアン同士よりも日本人とのカップルが圧倒的多数になりました。

　植民地時代は、朝鮮半島であれ日本であれ、そこに住む朝鮮人はすべて「日本国民」とされま

した。そして、日本の敗戦後、日本が主権を回復する1952年に、日本に引き続き住んでいたコリアンは、日本政府の通達をもって今度は一方的に日本国籍を失いました。そのため当時の在日外国人の大半は在日コリアンでした。

　ところで、国籍が「韓国・朝鮮」であっても、日常生活では日本風の名前（通称名）を名のっている在日コリアンが少なくありません。あえて日本風の名前を名のる理由は、個人によってさまざまでしょう。しかし外国にルーツのある人の名前を考える際には、日本が朝鮮半島に対する植民地政策でおこなった「創氏改名」（1940年）の歴史をおさえておく必要があります。これは、名前の文化が違っていた朝鮮人に、家をあらわす「氏」をつけさすとともに氏名も日本風に改めさせようとしたものでした。この政策により、当時の朝鮮人の多くが日本風の氏名に変えざるをえなくなりました。在日コリアンが現在も日本名（通称名）を使っている根っこにはこうした歴史があります。さらに現在、本名を名のらない理由として、差別や不利益を受けないためであったり、自分に自信がもてずに自分のアイデンティティを肯定的に受け止められないからという声が根強くあります。残念ながら在日コリアンの名前の現状を伝える公的な統計が少ないために、どれくらいの人が本名を名のっているかははっきりしません。限られた資料をみると、例えば京都市が実施した『京都市外国籍市民意識・実態調査報告書』（2007年）では、1952年以前から日本に住んでいるか、日本に生まれ育った在日コリアンのなかで、「職場・学校で本名をなのっている」人が23.2％、「使い分けている」人が17％でした。逆にいうと在日コリアンの半数以上の人が通称名で生活をしているという結果でした。

　また2014年度の調査結果として、政令指定都市を除く大阪府内の公立学校における全外国籍児童・生徒の本名使用率は、小学校約45％、中学校約40％、高校約40％となっています。そのなかで「韓国・朝鮮」籍の児童・生徒は小学校約20％、中学校約20％、高校約25％となっています。

　在日コリアンの通称名が、作家のペンネームや芸能人の芸名と同列に語れないのは、日本社会に存在してきた民族差別や外国人を排除する意識と深く関係しているといえるからです。

◉人権の課題はどうなっているの？

　実態としてはすでに多文化社会になっている日本ですが、社会の意識や制度はそれに見合ったものになっていない現状があります。在日コリアンを含めて外国にルーツのある人たちの人権の現状を考えたとき、さまざまな課題が見えてきます。

　例えば、外国人であるために、就職がむずかしかったり、部屋を借りようとして断られたり、入店拒否をされたりという体験談や報道を聞いたことがありませんか。また公立学校の教員に採用されても管理職にはなれないという問題もあります。国民年金制度から排除されていた人たちが高齢になって無年金であったり、低額の年金しか受給できないという問題も残っています。最近では、街頭やインターネットなどを通じての在日コリアンなど特定の民族的マイノリティに対する差別を扇動する憎悪表現「ヘイト・スピーチ」や暴力的な行為「ヘイト・クライム」などが深刻な問題になっています（97頁参照）。

　外国にルーツをもつ人が、差別されたり排除されるという体験をしたり、そうした体験を見聞きすることにより、みずからの民族的アイデンティティに自信がもてなかったり、否定的になるという影響を与えます。また外国人が日本国籍を取得すると、日本国籍になったのだから、「日

本人らしく」するべきという周囲からのプレッシャーがあり、名前もふくめてそれまでの自分の民族的アイデンティティを維持するのがむずかしいという声があります。実際に「帰化」をしていたり、どちらかの親が外国にルーツがあったりする日本国籍の人たちでそのことをオープンにしている人はそう多くはありません。こうした現状から考えると、日本は、外国籍であれ、日本国籍であれ、民族的マイノリティがありのままで生きようと思うと生きづらい社会ではないでしょうか。そのシンボルとして名前の問題があるといえます。

ところで、在日コリアンをはじめとする外国人が多く住む地域を中心に1980年以降、人権保障を求める市民運動が活発になり、一定の制度や政策の改善がなされました。そうした動きと並行して、日本の学校に通う在日コリアンの保護者や教員の努力などによって、外国にルーツをもつ子どもたちの本名を尊重する取り組みが進められてきました。日本は子どもの権利条約の締約国にもかかわらず、日本政府による、子どもの人権を守ろうとする視点にたつ在日外国人教育のガイドラインはありません。しかし、いくつかの自治体の教育委員会が、在日外国人児童・生徒の教育のガイドラインを策定しています。例えば、大阪府教育委員会では、在日外国人教育指導資料『互いに違いを認めあい、共に学ぶ学校を築いていくために―本名指導の手引（資料編）』（2006年3月、2012年4月修正　www.pref.osaka.jp/kotogakko/seishi/honmyo-sidou-1.html）を作成しました。

現状を考えると自分のルーツの名前を名のっている／名のりたいと願う人たちを応援する人たちがもっと増えていかなければなりません。学校や地域で、外国にルーツをもつ人たちの思いや現実に出合い、人権の視点でどう考えたらいいのかを学ぶ機会をもつことは大事な教育活動です。そして人権の視点で考えるために、次に述べる国際的な基準をおさえておく必要があります。

●国際的な人権の基準と在日外国人

人権の保障に関しては、現実的に、世界の多くの国で、自国民を優先し、外国籍の住民（移民や移住労働者、結婚移住した外国人など）が冷遇されたり、差別を受けたりしています。それでは、外国人や外国にルーツのある人の人権は、国際的な人権基準（国連を中心に、国際社会がつくってきた人権条約や宣言など）では、どう扱われているのでしょうか。10頁で述べたように、人権は、人間であれば誰でも等しくもっている権利です。ですから、国際的な人権の基準では、次に述べるわずかな例外を除いて、あらゆる人権は、国民であろうと外国人であろうと差別なく、等しく保障されなければならないとしています。これを、内外人平等原則といいます。そして、それを保障する義務を負っているのは、主として国家（具体的には、各国政府）です。

人権に関する条約には、外国人の人権を制限することを許す例外的な規定がありますが、それは、居住国における参政権（選挙権・被選挙権）と公務員になる権利だけです。また居住国の出入国管理法上、合法的に在留していない場合は、移動の自由を制限することが許されます。しかし、国際人権規約（市民的及び政治的権利に関する国際規約）は外国人に選挙権と公務就任権を認めることを妨げるものではありません。選挙権を認めている国もありますし、地方公務員については日本でも在日コリアンと日本の市民による差別撤廃運動によって、徐々にその門戸が広げられ

てきました（田中宏『在日外国人―法の壁、心の溝　第三版』259頁、岩波新書、2013年）。

　一方、外国人は、居住国の出入国管理法上の地位、つまり在留許可や就労の許可が得られるかどうか、延長されるかどうか、などによって人生が大きく左右される弱い立場にあることも事実です。さらに、外国にルーツのある人たちは、居住国の大多数の人たちとは異なる言語、文化、宗教、生活習慣などをもっていることが多いですが、それが偏見や差別の原因になることがめずらしくありません。結果として、生活のさまざまな分野で排除されたり、不利益を受けたりする対象になっています。

　ですが、人間は、誰もが人間として同じ価値をもつ大切な存在です。そして人間は、二人として同じ個性をもった人はいません。人権の尊重は、一人ひとりのアイデンティティを周りがそのまま認めることからはじまります。名前を含めて、社会の大多数（マジョリティ）に同化するように強制したり、圧力をかけたりすることは禁止されているのです。

　こうしたルールは、マイノリティの文化や人権の尊重を義務づける国連総会決議（「マイノリティ権利宣言」1992年）や日本も締約国となっている国際人権規約、人種差別撤廃条約（あらゆる形態の人種差別の撤廃に関する国際条約）、子どもの権利条約にも含まれていることです。本名を名のって生きることがむずかしい社会こそが変わらなければなりません。

　ところで、日本政府は、在日コリアンなど、実態として日本社会の構成員となっている外国人について、人権条約で述べられている民族的マイノリティとして認めていません。人権条約は、その管轄下にある（その権限が及ぶ範囲に居住する）国家が、民族的マイノリティについて、集団としてのアイデンティティを認め尊重するよう義務づけているのです。国連の条約機関から繰り返し、民族的マイノリティとして認めるよう指摘され、勧告されても、日本政府がいまだに受け入れていないことは大きな問題です。

　「マイノリティ権利宣言」では、マジョリティがマイノリティの文化や歴史を学ぶことも義務づけています。しかし日本政府が先住民族と認めているアイヌ民族をふくめて、日本のマイノリティの文化や歴史は学校教育のなかでほとんど教えられていません。すでに社会にあるマイノリティに対する不平等や差別・偏見の現状に目を向けて、国籍や民族的出身に関係なく人権を平等に保障する社会こそをめざすべきではないでしょうか。

●「名前」と人権をめぐるいくつかの出来事

日立製作所就職差別裁判

　1970年、在日コリアン二世の朴鐘碩さん（パクチョンソク）（当時18歳）は、日立製作所の募集広告を見て、それまで使用してきた通称名（日本風の名前）で履歴書を出し、本籍地欄に出生地を記入して合格したが、韓国籍であることがわかると会社側から採用取消（解雇）されるという事件が起きた。そこで朴鐘碩さんは、解雇の無効などを求めて裁判を起こし、1974年に、合理的な解雇理由がないのに在日コリアンであることを理由に解雇したことは民族差別であるという朴鐘碩さんの主張が認められ、全面勝訴の判決が出た。裁判所は日立製作所に慰謝料50万円の支払いも命じた。朴鐘碩さんは、裁判での闘いをとおして本名で生きることを決心し、日立製作所に60歳の定年まで本名で勤務した。

帰化後に「民族名」をとりもどす

ベトナム出身のトラン・ディン・トンさんは、日本人女性と結婚したあとに日本に帰化申請をした。その際に日本風の名前に変えなければ帰化の許可をしない旨を法務局係官に言われた。トラン・ディン・トンさんは、やむなく日本風の氏名に変えて日本国籍を取得したが、1982年に家庭裁判所に申立をしてベトナムの名前への変更を認められた。しかし、同申立以降の朝鮮半島にルーツがある日本国籍の人たちによる「改氏」申立は、相次いで裁判所から却下されていた。そこで「帰化」や両親のいずれかが日本人であるという立場で「日本籍朝鮮人」としての生き方を主張する人たちが中心となって、各自の名前を法的に「民族名」にするために「民族名をとりもどす会」を結成した。そして2回目の申立で朴実(パクシル)さんが1987年にはじめて「民族名」の「回復」が認められ、その後、会のメンバーも申立を認められた。

建設現場での通称名の強制使用をめぐる裁判

在日コリアン二世の金稔万(キムイムマン)さんは、2009年に日雇いで働いていた会社から職場では通称名で働くように求められた。金稔万さんは、本名で働きたいという意志を示し、またそれまで本名で働いたこともあった建設現場にもかかわらず、金稔万さんの安全ヘルメットは通称名のシールに貼り替えられた。その後、本名を記した書類を書き直させられたという。金稔万さんは、自分を雇用した業者（二次下請け）のみならず一次下請け、元請け業者と国を相手取って、通称名を強制使用させられたことによる苦痛に対する損害賠償裁判を起こした。今回の通称名強制の直接の原因は、2007年に国が導入した外国人政策によって事業者が外国人の就業届を義務づけられ、元請け業者が必要のない書類提出を下請け業者に求めたためとみられている。金稔万さんは特別永住者（旧植民地出身者とその子孫で1945年以降も引き続き日本に居住する人たちを対象にした法律にもとづく永住資格）なので、この届は適用されない。2013年1月30日、大阪地方裁判所は、「原告は通称名を了解していた」として金稔万さんの訴えを退けた。金稔万さんは控訴したが、同年11月26日の大阪高裁判決は、本名を強制したという事実は認定したものの、金稔万さんの主張を認めなかった。金稔万さんは、さらに最高裁に上告したが、2014年10月15日、最高裁は上告不受理の決定をした。

参考文献

『マイノリティの権利とは―日本における多文化共生社会の実現にむけて』反差別国際運動編・発行、2004年
田中宏『在日外国人―法の壁、心の溝　第三版』岩波新書、2013年
山本冬彦・吉岡増夫共著『在日外国人と国籍法入門―戸籍・国際私法と氏名の問題もふくめて』社会評論社、1987年
伊地知紀子『在日朝鮮人の名前』（双書 在日韓国・朝鮮人の法律問題4）明石書店、1994年
在日コリアン弁護士協会『裁判の中の在日コリアン―中高生の戦後史理解のために』現代人文社、2008年
国際高麗学会日本支部「在日コリアン辞典」編集委員会編『在日コリアン辞典』明石書店、2010年
『日本における外国人・民族的マイノリティ人権白書2014』在日外国人人権法連絡会編・発行、2014年
ウェブサイト「이름（イルム）から――当たり前に本名が名乗れる社会を求めて」金稔万さん本名（民族名）損害賠償裁判を支援する会　irum-kara.jimdo.com

〈朴君愛〉

人種差別撤廃条約

差別をキックアウト！
——フェアプレーのルールを社会へ広げよう

　日本でも、差別表現やヘイトスピーチ（憎悪表現）が大きな問題になっていますが、「表現の自由」を理由に日本では法規制がありません。「人種差別にノー」を唱えるサッカー界の国際ルールを知り、市民社会における規範のあり方を考えましょう。

ねらい

1　みんなが楽しむスポーツ。スポーツにはルールがある。それは「ラインを越えればアウト」とか「ゴールに入ればスコアになる」といったことだけではない。「差別をしてはいけない」こともルールの一部であることを知ろう。

2　FIFA（国際サッカー連盟）はサッカーにおける人種差別をなくすための取り組みに力を入れてきた。サッカー界の取り組みを知ることを通じて、ルールはプレーヤーだけのものではなく、観客もサポーターも参加者としてのルールのなかにあることを知ろう。

3　「サッカーのルールを社会全体に当てはめたら？」と考えてみよう。そのことから、今起きているヘイトスピーチの問題に対して、人種差別撤廃条約（あらゆる形態の人種差別の撤廃に関する国際条約）の締約国である日本において、求められている取り組みを考えてみよう。

■ステップ1…サッカーと人種差別を考える

準備するもの
資料①②

時間のめやす
90分

進め方

1　参加者から、観戦したりプレーしたりするのが好きなスポーツ、部活動や地域のクラブでプレーしているスポーツをあげてもらおう。ファシリテーターはそれらをホワイトボードなどに書き留めておく。

2　それらのなかから、参加者にとってなじみのあるものをいくつか選び（個人競技だけでなく、チームプレーをするスポーツも取り上げるようにする）、それらのスポーツのルールを

あげてもらう。「どうすれば得点になるか」だけでなく、「どのような行為が反則となるか」もあがってくるよう促す。

● 「フェアプレー」とは何か、そのためにどのようなルールが定められているかに目を向けよう。また、自分が試合の選手として出場し、「対戦相手」と向き合ったとき、どんな気持ちになるか（「勝ちたい」という強い気持ちを感じたり、プレッシャーを感じたとき、対戦相手に対してどのような気持ちを抱くか、といったことも）出し合ってみてもよい。

3 2014年にJリーグで起きた「人種差別」を取り上げ、「何が起きたのか」「その後、チームやJリーグがどのように対応したのか」をまず参加者に思い出してもらったあと、資料①を配布して説明する。

4 Jリーグがチームに対して課した制裁について、意見を求め、話し合う。特に、ファシリテーターから「次のような意見があるが、どう思うか」と問い、「なぜこうした厳しい措置がおこなわれるのか」を考えてもらう。

● 「サポーターが永久に入場制限されるといった措置は厳しすぎるのではないか」

● 「選手ではなく、一部サポーターの行為でチーム全体が制裁を受けるのは厳しすぎる」

● 「（浦和レッズのケースでは）選手から見えないところに張り出された横断幕は、試合に直接影響しないし、試合の公平性には影響ない」

5 資料②を配布し、FIFAが人種差別と人種主義に対して「ゼロ不寛容」（許さない）という姿勢で臨んでいること、「サポーターもルールのなかにある」ことを説明し、「フェアプレーのルールは、コートの中だけではない」ことについて、話し合ってもらう。

発展

1 FIFAのルールをふりかえり、学校や地域のクラブとして、こうしたルールに対してどう向き合うのか、を考えてもよい（〈公財〉日本サッカー協会〔JFA〕はFIFAの所属団体である）。

2 2014年3月の浦和レッズにかかわる事例以外の事例や、あとの解説を参照しながら、反人種差別に対する世界的なサッカー界の取り組みを取り上げることができる（インターネット上のさまざまな情報を活用する）。

大阪人権博物館での展示（2014年8月　同館提供）

資料① "JAPANESE ONLY（日本人に限る＝外国人お断り）"横断幕

2014年3月に埼玉スタジアムでおこなわれたサッカーJリーグの「浦和レッズvsサガン鳥栖」の試合で、浦和レッズのサポーターにより「JAPANESE ONLY」（日本人に限る＝外国人お断り）と書かれた横断幕が、サポーター席へ入るゲートに掲げられた。浦和レッズは、別のサポーターから指摘があったにもかかわらず、その横断幕を試合終了後まではずさなかった。浦和レッズの槙野智章選手はツイッターで、この出来事に対して「今日の試合負けた以上にもっと残念な事があった……」と記している。

「JAPANESE ONLY」の横断幕（2014年3月8日. https://twitter.com/tonji5/status/442281928092180480）
（撮影者不明。ご存じの方はお知らせください）

Jリーグの対応

Jリーグは、「JAPANESE ONLY」が差別的内容であると判断し、規約にもとづき2014年3月23日に浦和レッズのホームの埼玉スタジアムでおこなわれた清水エスパルスとの対戦の際、無観客での試合開催というペナルティを科した。入場料収入だけでも約1億円の損失となった。

制裁を受けて、横断幕を掲げたサポーターグループなど11団体が自主的に解散した。「スポーツは闘い」であるとともに、「そこにはルールがある」という精神にもとづいた措置であった（しかし、横断幕が掲げられた意図や背景が明らかにされないまま「幕引き」となった。いくつかのメディア報道は、この横断幕は、2014年1月に浦和レッズに移籍した李忠成選手に対する排他的な「意思表示」であったと指摘している。李選手は在日韓国人四世で、2007年に日本国籍を取得している）。

浦和レッズの「差別撲滅宣言」（2014年3月23日）

浦和レッドダイヤモンズは、サッカーファミリーの一員として、第63回国際サッカー連盟（FIFA）総会（2013年）で採択された「人種差別主義及び人種差別撲滅に関する決議」を最大限に尊重し、人種、肌の色、性別、言語、宗教、または出自などに関する差別的あるいは侮辱的な発言または行為を認めないことを宣言します。サッカーはスポーツや社会から差別を撲滅する力を持っています。私たちはサッカーを通じて結ばれた仲間と共に差別と戦うことを誓います。

（浦和レッドダイヤモンズ・オフィシャルサイトより）

資料②　人種差別主義及び人種差別撲滅に関する決議（抜粋）

第63回 FIFA 総会　2013年5月30～31日　モーリシャス

（前略）加盟協会に、その管轄下において、サッカーから人種主義と差別をなくすことの責任を喚起し、以下の方策を世界レベルで実施する。

教育―行動計画

競技会組織者は、選手、役員、サポーターによる、あらゆる形態の人種主義と差別を撲滅する意志を示し、具体的な行動計画を制定しなければならない。

防止―反差別担当者

レフェリーに対する圧力を緩和し、司法機関が決定をおこなう際の証拠入手を容易にするために、人種主義と差別にあたる行為を識別する専門の担当官がスタジアムにいることを想定した競技会規則でなければならない。

制裁―より厳格な制裁の適用

すべての加盟協会にとってFDC（FIFA Disciplinary Code：FIFA懲罰規程）の遵守は義務であり、そのFDCに定める制裁は、サポーターによる具体的な不品行について、関連する司法機関が決定をおこなう際に必要な判断を提供している。しかし、宣言された制裁を世界のレベルと調和させるために、クラブ、または、代表チームに課せられた制裁は、原則として二段階のアプローチによって決められねばならない。

- 初回、または深刻ではない違反には、警告、罰金および／または無観客試合の制裁を適用する。
- 再度の違反、または、深刻な出来事には、ポイント減点、競技からの退場、または、降格といった制裁を適用する。

さらに、そのような違反を犯した者（選手、役員、マッチオフィシャル〈レフリーやジャッジを指す〉など）は、FDCに示されたスタジアム禁止事項とあわせて、最少5試合の出場停止とされる。

（訳：阿久澤麻理子）

原文は以下のサイトから入手可能
http://www.fifa.com/mm/document/afsocial/anti-racism/02/08/56/92/fifa-paper-against-racism-en-def_neutral.pdf

●……解説

●人種差別に「ゼロ不寛容」という断固たる姿勢のFIFA

　国際サッカー連盟（FIFA）は、2013年5月の総会で「人種差別主義及び人種差別撲滅に関する決議」を採択し、関連する規程を整備するなど適切に対処するよう求めました。FIFAは、人種差別と人種主義に対して「ゼロ不寛容」（許さない）という姿勢で臨んでいます。

　決議は、美しいゲームにかかわるすべての人びとのために、インクルーシブであること（包括）と人間の尊厳を保障するFIFAの責任を考慮するとしており、あらゆる種類の人種主義や差別と闘うための教育、防止、制裁の方針を世界レベルで実施することとしたのです。

　なかでも、防止を目的に、人種差別的な行為をモニターする専門官（反差別担当者）をスタジアムに配置するという競技規則の策定を各国のサッカー協会に求めている点が興味深いといえます。

　FIFAの方針を受けて、日本サッカー協会（JFA）は2013年11月に規程を整備するとともに、JFA加盟団体に対しても周知した。Jリーグにおいても、所属クラブに対する周知を図ったり、トラブルが起こった際の手続きを定めました。制裁金や無観客試合、勝ち点没収や降格などの処分が設けられています。

　FIFAは2006年のW杯ドイツ大会で「Say No To Racism」（人種主義にノーを）をキャッチフレーズに、人種差別反対のキャンペーンをおこないました。差別反対をうたったテレビのスポット広告をうち、準々決勝からは両チームのキャプテンが試合前にそれぞれの言語で人種差別反対の宣言を読み上げました。

●やまない人種差別

　しかし、決勝戦でフランス代表のジネディーヌ・ジダンがイタリア代表のマルコ・マテラッツィへの頭突きによりレッドカード（退場処分）が宣告されるという出来事がありました。アルジェリア移民二世であるジダンに対する人種差別的な発言や、ジダンの家族を侮辱したことが原因であるといわれています。とりわけ、ヨーロッパにおけるサッカーチームは、スポーツのなかでも最も多様な国籍や人種、民族からなるメンバーで構成されています。サッカーは、多様性に富んだスポーツであると同時に、長年にわたり数多くの差別行動がスタジアムの内外で起きています。アフリカ出身の選手に対して猿の鳴き声をまねてヤジを飛ばしたり（モンキー・チャント）、相手選手に対して差別発言をするなど、人種差別的な言動があとを絶ちません。

- 2013年1月、ACミランに所属するガーナ出身のボアテング選手が、相手チームのサポーターによる差別的なヤジの繰り返しにたまりかねて、ボールを蹴飛ばし、ユニホームを脱ぎ捨てて退場しました。ほかの選手もそれに続き、試合が中止となりました。
- 2014年4月、バルセロナのブラジル代表のアウベスが観客からバナナを投げ込まれる人種差別行為を受けましたが、バナナの皮をむいて食べてからコーナーキックを蹴るという対抗アクションをとりました。アウベス選手は試合後に「ユーモアで対応すべき」と話したとい

ます。この行動に、世界中のサッカー選手を中心に賛同の声が広がりました。

●スポーツにおける人種差別撤廃をめざす国連の取り組み

2013年の国連人種差別撤廃デー（3月21日）に、スイスのジュネーブで国連人権高等弁務官事務所が記念行事として開いたパネル・ディスカッションにボアテング選手はパネリストとして呼ばれました。主催者のピライ国連人権高等弁務官は「今こそ、サッカーから偏見をキックアウトするべきです。ボアテング選手をめぐる事件を機に、スポーツにおける人種主義と闘いましょう」と述べました。

2001年に南アフリカ共和国で開かれた反人種主義・差別撤廃世界会議（ダーバン会議）において採択された行動計画は、各国に対して、政府間組織、国際オリンピック委員会、国際・地域スポーツ連盟と協力して、オリンピック精神に象徴される理解、寛容、公正なプレーや連帯の精神のもと、スポーツにおける人種主義と正面から向き合うよう促しています。

●「JAPANESE ONLY（ジャパニーズ・オンリー）」の「前史」

「WHITE ONLY（ホワイト・オンリー）」（白人以外お断り）は、南アフリカ共和国で1990年代初めまで続いた白人による有色人種に対するアパルトヘイト（人種隔離政策）において、レストラン、ホテル、列車、バス、公園に映画館、公衆トイレなどの公共施設ですべて白人用と白人以外用とに分断されていました。

日本では1990年代から2000年代初頭にかけ、小樽市内の入浴施設が「JAPANESE ONLY」の貼り紙を掲げて、外国人および「外国人のような外見」をした人の入浴を断るという対応をとりました。「外国人が入ると、よくトラブルが起き、日本人が敬遠する」というのが施設側の説明でした。入浴を拒否された人たちが、これは人種差別であるとして、施設と小樽市に対して損害賠償を求める裁判を提起する事態に発展しました。

●Jリーグ初の「無観客試合」

浦和レッズのサポーターは、2010年にもベガルタ仙台の梁勇基選手（在日コリアン三世）に対して、差別的な言葉を浴びせています。当事者は特定できませんでしたが、浦和レッズはJリーグから500万円の制裁金を課されています。2014年3月は「無観客試合」というさらに厳しい処分がおこなわれました。無観客試合後、対戦相手だった清水エスパルスのアフシン・ゴトビ監督は、次のようにコメントしています。「人種差別は社会の病気だ。世代にうつり、親から子どもへ伝染する。我々には美しいゲームがある。この美しいゲームには色がない。だが（ゲームをつくる人びとによって）豊かな色になる。スタジアムに誰もいないと魂がかけているようだ」。

ゴトビ監督は、イラン生まれのアメリカ育ち。2011年、ジュビロ磐田との試合の際、磐田サポーターの2人（未成年）が「ゴトビへ　核兵器を作るのやめろ」の横断幕を掲げました。そのサポーターに「無期限入場禁止」の処分がおこなわれたといういきさつがあります。

■ ステップ２…日本全体がスタジアム！ヘイトスピーチにレッドカードを

準備するもの

資料②③、ネット上に掲載されている差別的・排外的なデモの様子の写真または動画（動画を映写するときはスピーカー付きのパソコンとプロジェクター）、ヘイトデモへのカウンタープラカードの例（99頁参照）、プラカード用の用紙（A4用紙、人数分）

2013年３月、大阪市・JR鶴橋駅前でのヘイトデモ（藤本伸樹撮影）

時間のめやす

90分

進め方

1　人数に応じて１組４～８人までのグループ分けをする。各グループで記録者・発表者を選ぶ。

2　グループごとに着席し、自己紹介などをして、話しやすい雰囲気をつくっておく。

3　資料③「日本中がスタジアムだったら」を配布し、サッカースタジアム以外でどのような人種差別が日本にはあるかをグループで話し合う。

4　各グループに話し合ったことを発表する。ファシリテーターは、項目を書き出す。

　●「ヘイトスピーチ」という言葉が参加者から出るときもあるだろうが、全体で共有するために説明しておく。

5　差別的・排外的なデモの様子の写真または動画を観る。

　●ヘイトスピーチの写真や動画は、目を背けたくなるほど差別的で攻撃的である。とりわけ、標的とされた集団に属する人たちにとって、それらがいきなり示されれば大きな精神的負担を強いることになる。したがって、提示方法について十分に注意する必要がある。例えば、「見たくない人は動画のあいだ席をはずしていただいてけっこうです」という具合に選択肢を提供するといった配慮をすること。

● ネット上での人種差別的な書き込みだけでなく、東京の新大久保や大阪の鶴橋などのいわゆる「コリアタウン」をはじめ、全国主要都市の人通りの多い路上で公然とおこなわれていて、在日韓国・朝鮮人や中国人をはじめとする外国籍住民を標的に、汚い言葉でののしったり、「殺せ！」といった恐ろしい言葉を大声で連呼しながらデモを繰り広げる「在日特権を許さない市民の会」（在特会）などの集団による街宣行動が公然とおこなわれていることを伝える。

6 資料②を参考にして、サッカー上におけるルールを市民社会に応用すれば、どのような対策が必要なのかをグループで考え、発表する。

7 参加者から出た意見をもとに、次のポイントで整理する。
　①法制度による対策（禁止、加害者の処罰、防止、被害者の救済など）。ただし、FIFAのルールを市民社会においてあてはめると、「反差別担当者」のような人物が街角に控えており、司法機関が決定をおこなう際の証拠入手を容易にする役割を担い、人種差別行為と認定されれば厳罰に処せられることは、「監視」強化につながるのではないか、また「処罰」により差別意識は解消されるのだろうかという問いかけを投げかける。
　②教育的なアプローチはどうか。例えば、人権教育、歴史教育の充実。また、標的となっている集団に属する人たちとの交流をはじめ、意見の異なる人同士の対話をおこなう。
　③ヘイトスピーチに対して直接抗議行動をおこなう（カウンター行動と呼ばれる）。
　④法整備の必要性を新聞の投書欄などに投稿する。インターネットでブログやツイッターで発信する。住んでいる自治体の市長・町長、議員などに、条例の制定を求める手紙を書くなど。

8 もしあなたのところ（学校や地域）にヘイトスピーチの集団がやってきたらどう行動するかについて考える。また、ヘイトスピーチに対抗するプラカードのメッセージ（99頁）を考えてみる。

ヘイトデモへのカウンタープラカードの例（藤本伸樹撮影）

ふりかえり

スポーツの世界で国際ルールが存在するように、市民社会で守るべき国際人権基準が存在する。学習をとおして、いろんな人種や民族が、尊重し合いながら「共に生きる社会」を実現していくにはどうすればいいかを各グループで話し合い、発表する。

発展

諸外国において、ヘイトスピーチを規制するためにどのような法整備がおこなわれ、どんな場合に適用されているのかについて調べてみる。

ドイツ：特定の民族への憎悪をあおる行為や「ホロコーストはなかった」などとする主張を刑法で禁止。

イギリス：人種的憎悪の扇動を禁止している。

フランス：人種差別禁止法で禁止している。

米国：ヘイトスピーチに対する規制はないが、ヘイトクライムを禁止する法律がある。

資料③　イラスト「日本中がスタジアムだったら」

(イラスト：阿久澤麻理子)

●……解説

「ヘイトスピーチ」(hate speech)とは、直訳すれば「憎悪表現」となりますが、単なる「表現」にとどまりません。それは、人種や民族、国籍、宗教、性別、性的指向、障害などを理由に、特定の個人や集団、とりわけマイノリティ（少数者）の人びとの名誉をおとしめ、差別や排除、暴力をあおる憎悪に満ちた言動のことなのです。それが物理的な暴力に及ぶと「ヘイトクライム」へと発展し、さらには「ジェノサイド」（集団殺害）に至る危険性があります。

日本では2015年8月現在、ヘイトスピーチを規制する法律や条例がありません。そうしたなか、ヘイトスピーチの規制や被害者の救済を求める市民社会の声を受け、2014年12月以降、全国各地の地方議会（府県および市区町村）において、法規制などの対策を国に求める意見書が相次いで採択されています（2015年6月末現在で120以上の自治体）。また、2015年5月、参議院に人種差別撤廃施策推進法案が、大阪市ではヘイトスピーチへの対処に関する条例案が市議会に提出されるなど、法整備に向けた取り組みが徐々に進んでいます。

国連では1965年に人種差別撤廃条約（あらゆる形態の人種差別の撤廃に関する国際条約）を採択し、日本は1995年にその締約国になっています。この条約の第1条では人種差別の定義を示し、また第4条では、人種的優越意識や憎悪にもとづく思想を流布したり、人種差別をあおることは犯罪であり、そうした活動をおこなう団体や、活動に参加することは違法であり、処罰するよう求めています。しかし、処罰立法を求める条文が、日本国憲法の保障する集会・結社の自由、表現の自由を不当に制約するという理由で、日本政府はこの部分を留保しています（留保とは、条約の特定の項目を自国で適用することを保留するむね宣言すること）。

以下に、(1)日本国憲法、(2)人種差別撤廃条約の条文、(3)これに対する日本政府の見解、(4)日本の人種差別撤廃条約の実施状況に対する国連の勧告を示します。これらをもとに、ヘイトスピーチに対して、社会としてどう取り組む必要があるのか、考えてみましょう。

---

(1) 日本国憲法

第14条「法の下の平等」

1 すべて国民は、法の下に平等であつて、人種、信条、性別、社会的身分又は門地により、政治的、経済的又は社会的関係において、差別されない。

第21条「集会・結社・表現の自由」

1 集会、結社及び言論、出版その他一切の表現の自由は、これを保障する

※差別を受けないことも、自由な意見表明を行うことも、いずれも民主主義の根幹である。

---

(2) 人種差別撤廃条約（あらゆる形態の人種差別の撤廃に関する国際条約）

第1条

1 この条約において、「人種差別」とは、人種、皮膚の色、世系又は民族的若しくは種族的出身に基づくあらゆる区別、排除、制限又は優先であって、政治的、経済的、社会的、文化的その他のあらゆる公的生活の分野における平等の立場での人権及び基本的自由を認識し、享有し又は行使することを妨げ又は害する目的又は効果を有するものをいう。

第4条

締約国は、1の人種の優越性若しくは1の皮膚の色若しくは種族的出身の人の集団の優越性の思想若しくは理論に基づくあらゆる宣伝及び団体又は人種的憎悪及び人種差別（形態のいかんを問わない。）を正当化し若しくは助長することを企てるあらゆる宣伝及び団体を非難し、また、このような差別のあらゆる扇動又は行為を根絶することを目的とする迅速かつ積極的な措置をとることを約束する。このため、締約国は、世界人権宣言に具現された原則及び次条に明示的に定める権利に十分な考慮を払って、特に次のことを行う。

(a) 人種的優越又は憎悪に基づく思想のあらゆる流布、人種差別の扇動、いかなる人種若しくは皮膚の色若しくは種族的出身を異にする人の集団に対するものであるかを問わずすべての暴力行為又はその行為の扇動及び人種主義に基づく活動に対する資金援助を含むいかなる援助の提供も、法律で処罰すべき犯罪であることを宣言すること。

(b) 人種差別を助長し及び扇動する団体及び組織的宣伝活動その他のすべての宣伝活動を違法であるとして禁止するものとし、このような団体又は活動への参加が法律で処罰すべき犯罪であることを認めること。

(c) 国又は地方の公の当局又は機関が人種差別を助長し又は扇動することを認めないこと。

※日本は4条（a）（b）を留保している。
※「市民的及び政治的権利に関する国際規約」（自由権規約）第20条2も、「差別、敵意又は暴力の扇動となる国民的、人種的又は宗教的憎悪の唱道は、法律で禁止する」と定めている。

(3) 日本政府の見解

・刑罰を伴う法律によって規制することは「表現の自由」を不当に制約することにならないかという憲法上の問題を生じることを懸念している。
・処罰立法を検討しなければならないほど、現在の日本が人種差別の流布や扇動が行われている状況にあるとはいえない。

(2013年1月に国連人種差別撤廃委員会へ提出した報告書より)

(4) 国連の勧告

2014年8月に行われた、人種差別撤廃委員会による、日本の第7～9回定期報告に関する最終見解（日本の人種差別撤廃条約の実施状況について、審査をした結果にもとづく勧告）

ヘイトスピーチ及びヘイトクライム

11. 委員会は、締約国内において、外国人やマイノリティ、とりわけ朝鮮人に対し、人種差別的デモ・集会を行う右翼運動や団体により、差し迫った暴力の扇動を含むヘイトスピーチが広がっているという報告を懸念する。また、委員会は公人や政治家による発言がヘイトスピーチや憎悪の扇動になっているという報告にも懸念する。委員会は、ヘイトスピーチの広がりや、デモ・集会やインターネットを含むメディアにおける人種差別的暴力と憎悪の扇動の広がりについても懸念する。さらに、委員会は、これらの行動が必ずしも適切に捜査及び起訴されていないことを懸念する（第4条）。

人種差別的ヘイトスピーチへの対処に関する一般的勧告35（2013年）を想起し、委員会は、人種差別的スピーチを監視し対処する措置は、抗議の表現を奪う口実として使われるべきではないことを想起する。しかしながら、委員会は、締約国に人種差別的ヘイトスピーチやヘイトクライムから保護する必要のある社会的弱者の権利を擁護する重要性を喚起する。それゆえ、委員会は、締約国に以下の適切な措置をとるよう勧告する。

(a) 憎悪及び人種差別の表明、デモ・集会における人種差別的暴力及び憎悪の扇動にしっかりと対処すること。
(b) インターネットを含むメディアにおいて、ヘイトスピーチに対処する適切な措置をとること。
(c) そのような行動について責任ある個人や団体を捜査し、必要な場合には、起訴すること。
(d) ヘイトスピーチを広めたり、憎悪を扇動した公人や政治家に対して適切な制裁措置をとることを追求すること。
(e) 人種差別につながる偏見に対処し、また国家間及び人種的あるいは民族的団体間の理解、寛容、友情を促進するため、人種差別的ヘイトスピーチの原因に対処し、教授法、教育、文化及び情報に関する措置を強化すること。

参考文献

有道出人『ジャパニーズ・オンリー——小樽温泉入浴拒否問題と人種差別』明石書店、2003年
村上正直『入門・人種差別撤廃条約』解放出版社、2009年
反差別国際運動日本委員会編『今、問われる日本の人種差別撤廃——国連審査とNGOの取り組み（現代世界と人権24）』解放出版社、2010年
前田朗編『なぜ、いまヘイト・スピーチなのか——差別、暴力、脅迫、迫害』三一書房、2013年
師岡康子『ヘイト・スピーチとは何か』岩波新書、2013年
中村一成『ルポ　京都朝鮮学校襲撃事件——〈ヘイトクライムに抗して〉』岩波書店、2014年
エリック・ブライシュ著、明戸隆浩他訳『ヘイトスピーチ——表現の自由はどこまで認められるか』明石書店、2014年
川瀬俊治・郭辰雄編著『知っていますか？　在日コリアン一問一答』解放出版社、2014年
李信恵『#鶴橋安寧——アンチ・ヘイト・クロニクル』影書房、2015年

〈藤本伸樹・肥下彰男・阿久澤麻理子〉

コラム 京都朝鮮学校襲撃事件裁判が切り開く
共生へのスタートライン

朝鮮学校襲撃という事件――ヘイトスピーチ被害の深刻さ

「京都朝鮮学校襲撃事件」とは、ヘイトスピーチ被害が近年で最も注目された事件です。京都にある朝鮮学校に、「在日特権を許さない市民の会」(在特会)らが押しかけ、「こんなの学校ではない」「スパイの子どもの学校」「朝鮮学校を日本からたたき出せ」と拡声器で叫び続けました(2009年12月4日)。朝礼台や放送用コードを破壊するなど、物理的な損壊にまで及んだ事件は、その後も続き(計3回)、子どもや先生、学校関係者を恐怖に陥れたのです。その体験はトラウマとなって、現在も子どもや保護者に深刻な影響を与えています。

裁判に至る過程――苦渋の決断から画期的な判決まで

2014年7月8日、大阪高裁判決支援集会(大阪弁護士会)

裁判に訴えるのは当然だと思うかもしれませんが、法廷という場で加害者のヘイトスピーチと再び向き合うことは、トラウマ体験を繰り返す二次被害の場にもなります。当初、警察も自治体もこの事件を放置してきました。のちに、主犯格の4人が刑事裁判で有罪判決を下されましたが、人種(民族)差別は十分に問われませんでした(2011年4月)。そして学校関係者の苦渋の決断により、民事訴訟が提起されたのです。京都地裁は、在特会らの街宣行為(ヘイトスピーチ)を、人種差別と認定し、高額の損害賠償(1226万円)の支払いを命じました(2013年10月7日)。日本の司法が初めてヘイトスピーチを裁いたのです。そして、日本が批准している人種差別撤廃条約を参照し、人種差別を規制する法律がない日本社会に警鐘を鳴らしました。さらに、大阪高裁では、「朝鮮学校は……民族教育を軸に据えた学校教育を……する場として社会的評価が形成されている」と指摘し、高校無償化からの除外など、差別や偏見にさらされることの多い朝鮮学校の存在意義を初めて認めるなど、地裁判決からさらに踏み込んだ内容になりました。これらの判決は、最高裁判決によって確定し(2014年12月9日)、ヘイトスピーチと人種差別にNo!を突きつける取り組みの大きな試金石となったのです。

「判決紹介リーフレット」Vol.1~Vol.4が、以下のサイトで読めるようになっています。「こっぽんおり」http://blog.goo.ne.jp/kopponori

判決紹介リーフレットの試み――裁判で問えたこと、問えなかったこと

裁判では最大の被害者である子どもたちが置き去りになりがちでした。日本社会に対する希望と信頼、民族教育への誇りを回復するための子ども用テキストとして、判決をわかりやすく解説したリーフレットを作成しました。作成は裁判支援組織「こるむ」を中心に、朝鮮学校の生徒、先生、保護者も加わり、母語で学んでもらうという趣旨からハングル版、日本社会とシェアできる日本語版の両方を用意しました。判決は確かに画期的な内容でしたが、被害からの救済と回復を目的として、テキストづくりとその普及が現在も取り組まれています。

〈山本崇記〉

ILO条約

国際労働基準で社会を変えよう！
——条約カードを使った権利学習

　日本ではグローバル競争を勝ち抜くために、「企業が最も活動しやすい国」をめざし、労働の分野における規制緩和が進められようとしています。これらの規制緩和が他国でも推し進められれば、労働者の労働条件が際限なく切り下げられてしまいます。歴史的に積み上げられてきた労働法の国際基準であるILO条約を学び、すべての労働者の「ディーセント・ワーク」を実現するために、私たちの社会にはどのような労働基準が必要であるかを考えましょう。

ねらい

1. 国際労働機関（ILO）が活動目標に掲げている、ディーセント・ワーク（働きがいのある人間らしい仕事）とは何かをILOの活動を通じて知ろう。
2. ILO条約とはどのような条約なのかを知り、労働現場で起こりうることを国際労働基準で考えよう。
3. 日本がどの条約に未批准であるかを知り、ディーセント・ワークを実現するために何が必要であるかを考えよう。

準備するもの

ILO条約カード、ワークシート①②、模造紙（グループ数）、ポストイット、ILO広報ビデオ「I Love Decent Work. ディーセント・ワークを全ての人へ」（7分41秒）2013年
https://www.youtube.com/watch?v=zZl5jaqO36o

時間のめやす

90分

進め方

1　ILO広報ビデオ「I Love Decent Work. ディーセント・ワークを全ての人へ」を参加者全員で観る。そのあと、参加者は4〜5人のグループに分かれて、日本や世界で起こっている労働問題について、各参加者が知っていることを1項目1枚のポストイットに書き出す。出された項目を各グループで分類し、模造紙に貼り、発表する。

2　次に、ファシリテーターは各グループに20枚の「ILO条約カード」とワークシート①を配る。グループごとでワークシート①「こんな社長（雇い主）にはこのカードを出そう！」に記載されている事例を順に検討し、その状況に最も適合する条約カードの番

号を書き込む。各班で話し合ったことを発表する。ファシリテーターは各班のカード番号をホワイトボードなどに書き留めておく。

3 ファシリテーターは解答例として、各設問の条約カード番号を示し、各班の発表と比較し、コメントをする。

| ア⑩ | イ⑮ | ウ⑬ | エ⑦ | オ⑲ | カ① | キ⑤ | ク③ | ケ⑰ | コ④ |
| サ⑱ | シ⑥ | ス⑨ | セ⑫ | ソ⑳ | タ⑯ | チ⑭ | ツ⑪ | テ⑧ | ト② |

4 次に、各グループで「ILO条約カード」に書かれている条約を日本が批准していると思うカードと批准していないと思うカードに分類し、各班で話し合ったことを発表する。

5 ファシリテーターは、条約カードに記載されている条約で、日本が現在批准していないものがちょうど半分あることを伝え、批准していない番号を全体に伝える。

| ① | ④ | ⑤ | ⑧ | ⑨ | ⑫ | ⑮ | ⑯ | ⑲ | ⑳ |

6 各グループで、批准していない条約のなかからできるだけ早期に批准すべきだと考えられる条約カードを選び、優先順位の高いものからワークシート②にカード番号を書き入れ、その理由を班で話し合って書き込み、発表する。

●連合（日本労働組合総連合会）は「優先的に批准を求めるILO条約リスト」のなかで、Ⅰ．中核的労働基準（最優先条約）の項では⑧強制労働の廃止条約と⑨雇用及び職業についての差別待遇条約をあげている。Ⅱ．結社の自由の項では本教材では未掲載の公務における団結権保護及び雇用条件決定のための手続き条約（第151号）を「公務労働における団結権、労働条件決定における労働組合の参加、紛争処理、政治的権利について規定しうる官公労働者の労働基本回復に不可欠な条約」としている。Ⅲ．労働条件の項では①40時間制条約（第47号）、④労働条項（公契約）条約（第94号）、⑫有給休暇条約（改正）（第132号）、⑮雇用終了条約（第158号）、⑯パートタイム労働条約（第175号）、Ⅳ．安全衛生では労働安全衛生条約、Ⅴ．社会保障の項では労働安全衛生、Ⅵ．女性雇用の項では⑲母性保護条約（第183号）、Ⅶ．特定産業・業種の項では看護職員の雇用、労働条件、生活状態条約（第149号）などをあげている。
https://www.jtuc-rengo.or.jp/news/weekly/no624/07.html（2015年8月13日アクセス）

●未批准の理由については、厚生労働省大臣官房国際課の「ILO懇談会議事要旨」や国立国会図書館「わが国が未批准の国際条約一覧」（2013年1月現在）参照のこと。

7 最後に、解説を参考にして、実際にILOと連携して、国内の労働問題を解決していった実例を補足し、さらに多くの条約を批准する環境を整えることによって、日本の労働基準を国際労働基準に近づけていくことができることを伝える。

留意点
- ワークシート②「日本はどうして批准しないの？」については、国内の労働法の一定の理解が必要となるが、学習者の理解が不十分と思われるときは、事前に国内法でのワーク（『〈働く〉ときの完全装備』参照）をしてから学習に取り組むといい。
- 国際法の批准による国内法の改訂については、ほかの章を参照すること。
- ワークシート②の未批准理由については解説を参照すること。

発展
- ILO条約カードに書かれている条文・勧告が国内労働法ではどうなっているのかを調べてみよう。
- どの国がILO条約に多く批准し、その国の労働環境とどう関係しているのか調べてみよう。

ワークシート❶

こんな社長（雇い主）にはこのカードを出そう！

ア．大事故が起こったのに線量計をつけて作業している場合じゃないだろ！
　　　　　　　　　　　　　　　　　　　　　　　　　　　カード番号（　　　）

イ．経営再建のため、大幅な整理解雇を断行する。文句あるか！
　　　　　　　　　　　　　　　　　　　　　　　　　　　カード番号（　　　）

ウ．もう中学生になったんだから、一人前に働けるだろ！
　　　　　　　　　　　　　　　　　　　　　　　　　　　カード番号（　　　）

エ．同期で入った男性社員だけが昇進しているだって？　能力が違ったんだよ！
　　　　　　　　　　　　　　　　　　　　　　　　　　　カード番号（　　　）

オ．産休中の期間もずっと給料を保障しろって、むちゃ言うなよ！
　　　　　　　　　　　　　　　　　　　　　　　　　　　カード番号（　　　）

カ．ちゃんと残業代を払っているんだから、超過勤務が多いとか文句言うなよ！
　　　　　　　　　　　　　　　　　　　　　　　　　　　カード番号（　　　）

キ．あなたは「研修生」。ほかの労働者と同じ待遇を希望するなら、自分の国に帰れ！
　　　　　　　　　　　　　　　　　　　　　　　　　　　カード番号（　　　）

ク．うちの会社では、組合活動は認めてないから！
　　　　　　　　　　　　　　　　　　　　　　　　　　　カード番号（　　　）

ケ．うちの会社は派遣会社だから、団体交渉とかは受け付けないよ！
　　　　　　　　　　　　　　　　　　　　　　　　　　　カード番号（　　　）

コ．災害復興事業だから、ボランティアとは言わないが最低賃金で仕事してもらうよ！
　　　　　　　　　　　　　　　　　　　　　　　　　　　カード番号（　　　）

サ．女子高生はお客と散歩するだけでかなり高給の仕事だよ。どう？
　　　　　　　　　　　　　　　　　　　　　カード番号（　　　）

シ．民営化することになったから、新会社では組合の活動家は採用しない！
　　　　　　　　　　　　　　　　　　　　　カード番号（　　　）

ス．特別な処理をした料理しか食べられないなんて、採用できないよ！
　　　　　　　　　　　　　　　　　　　　　カード番号（　　　）

セ．海外旅行に行きたいから２週間も休む？　帰ってきたらきみの席はないよ！
　　　　　　　　　　　　　　　　　　　　　カード番号（　　　）

ソ．きみは住み込みの家政婦なんだから、休日とかはないよ！
　　　　　　　　　　　　　　　　　　　　　カード番号（　　　）

タ．パートなんだから、同じ仕事でも正社員の半分の給料で我慢しろ！
　　　　　　　　　　　　　　　　　　　　　カード番号（　　　）

チ．きみの親が認知症なのは知っているが、これは命令だ。海外赴任してくれ！
　　　　　　　　　　　　　　　　　　　　　カード番号（　　　）

ツ．この時給じゃ家族を養えないって、法定の最低賃金は守っているだろ！
　　　　　　　　　　　　　　　　　　　　　カード番号（　　　）

テ．きみたちにはストライキ権はない。すれば懲役刑になるぞ！
　　　　　　　　　　　　　　　　　　　　　カード番号（　　　）

ト．労働監督署に通報したって無駄だよ。指導なんかに従わないから！
　　　　　　　　　　　　　　　　　　　　　カード番号（　　　）

ワークシート❷

日本はどうして批准しないの?

1. ILO条約カードのなかで、日本が批准していると思うカードと、批准していないと思うカードに分類し、批准していないと思うカード番号を書いてください。

2. 日本が批准していない条約のなかで、すぐに批准したほうがいいと思う番号を優先順位の高いものから書き、その理由を話し合って書いてください。

★カード番号（　　）

★カード番号（　　）

★カード番号（　　）

ILO 条約カード　＊上下を切り離し、真ん中で折って使います

❶労働時間を1週40時間に短縮することに関する条約　1935年（第47号）	❶週の労働時間を40時間に短縮する。ただし、労働者の生活水準の低下を伴わないような措置をとること。
❷工業及び商業における労働監督に関する条約　1947年（第81号）	❷工業的事業場および商業的事業場における労働監督の制度は、労働監督官が労働条件と作業中の労働者の保護に関する法規の実施を確保すべき事業場に適用される。
❸結社の自由及び団結権の保護に関する条約　1948年（第87号）	❸労働者および使用者は、事前の許可を受けないで、みずから選択する団体を設立し、加入することができる。
❹公契約における労働条項に関する条約　1949年（第94号）	❹公の機関を一方の契約当事者として締結する契約においては、その契約で働く労働者の労働条件が、団体協約または承認された交渉機関、仲裁裁定あるいは国内の法令によって決められたものよりも有利な労働条件に関する条項を、その契約のなかに入れなければならない。

❺移民労働者に関する条約（1949年改正） 1949年（第97号） 	❺移民労働者の労働条件・宿泊設備・社会保障・その他に関して内外人均等待遇をおこなわなければならない。
❻団結権及び団体交渉権についての原則の適用に関する条約 1949年（第98号） 	❻労働者は、労働組合に加入しない、または労働組合から脱退することを雇用条件としたり、組合員であるという理由や組合活動に参加したという理由などで解雇されたり、その他の不利益な取り扱いをされない。
❼同一価値の労働についての男女労働者に対する同一報酬に関する条約 1951年（第100号） 	❼同一の価値の労働に対しては性別による区別をおこなうことなく同等の報酬を与えなければならない。
❽強制労働の廃止に関する条約 1957年（第105号） 	❽すべての種類の強制労働（既存の制度に思想的に反対することへの制裁・経済的発展の目的のための労働力を動員・労働規律の手段・ストライキに参加したことに対する制裁・人種的または宗教的差別待遇の手段）を廃止し、これを利用してはならない。

❾雇用及び職業についての差別待遇に関する条約　1958年（第111号）

❾雇用と職業の面で、どのような差別待遇（人種、皮膚の色、性、宗教、政治的見解、国民的出身、社会的出身などにもとづいておこなわれるすべての差別）もおこなわれてはならない。

❿電離放射線からの労働者の保護に関する条約　1960年（第115号）

❿放射性物質を取り扱う一切の労働者は被曝放射線の最高量を定めるなど、放射線から保護されなければならない。そして、16歳未満の者は、放射性物質を取り扱ういかなる作業にも雇用されてはならない。

⓫開発途上にある国を特に考慮した最低賃金の決定に関する条約　1970年（第131号）

⓫雇用条件に照らして対象とすることが適当な賃金労働者のすべての集団に適用される最低賃金を決定しなければならない。最低賃金水準の決定にあたり、労働者と家族の必要であって国内の一般的賃金水準、生計費、社会保障給付および他の社会的集団の相対的生活水準を考慮すること。

⓬年次有給休暇に関する条約（1970年の改正条約）　1970年（第132号）

⓬労働者は1年勤務につき3労働週の年次有給休暇の権利をもつ。休暇は原則として継続したものでなければならないが、事情により分割を認めることもできる。ただし、その場合でも分割された一部は連続2労働週を下らないものとされる。また、病気やけがによる欠勤日は、一定の条件下で年休の一部として数えないことができる。

⑬就業が認められるための最低年齢に関する条約　1973年（第138号）	⑬児童労働の廃止を目的に、就業の最低年齢を義務教育終了年齢と定め、いかなる場合も15歳（開発途上国の場合は、さしあたり14歳）を下回ってはならない。
⑭家族的責任を有する男女労働者の機会及び待遇の均等に関する条約　1981年（第156号）	⑭子どもや近親者の面倒を見るために職業生活に支障をきたすような男女の労働者に対して、各種の保護や便宜を提供し、家族的責任と職業的責任とが両立できるようにしなければならない。
⑮使用者の発意による雇用の終了に関する条約　1982年（第158号）	⑮使用者は、労働者の能力や行為に関する妥当な理由、企業運営上の妥当な理由がなければ、労働者を解雇することができない。経済、技術、構造的またはそれに類する理由による雇用の終了に関して、使用者が労働者代表と協議すること。
⑯パートタイム労働に関する条約　1994年（第175号）	⑯団結権、団体交渉権、労働者代表として行動する権利、労働安全衛生、雇用及び職業における差別といった基本的権利に関しては、パートタイム労働者に比較可能なフルタイム労働者と同一の保護を、基本給、職業活動にもとづく社会保障制度、母性保護、雇用の終了、年次有給休暇と有給公休日、疾病休暇に関しては、同等の条件を与えなければならない。さらにフルタイム・パートタイム間の自発的な相互転換ができるようにすること。

⓱民間職業仲介事業所に関する条約　1997年（第181号） 	⓱民間職業仲介事業所（民営の職業紹介・労働者派遣事業）においても、労働者の団結権・団体交渉権の確保、機会均等・均等待遇、労働者の個人データの保護、労働者からの費用徴収の禁止、移民労働者の保護、児童労働の使用禁止、労働者の苦情などの調査などのための機構・手続きの確保をしなければならない。
⓲最悪の形態の児童労働の禁止及び撤廃のための即時の行動に関する条約　1999年（第182号） 	⓲18歳未満の児童による最悪の形態の児童労働（児童の人身売買、武力紛争への強制的徴集を含む強制労働、債務奴隷・売春、ポルノ製造、わいせつな演技、薬物の生産・取引など、不正な活動）は禁止および撤廃する。
⓳1952年の母性保護条約（改正）に関する改正条約　2000年（第183号） 	⓳母性休暇（出産休暇）は最低14週間とする。妊娠・哺育中の女性を、健康を損なう危険のある業務に就かせてはいけない。休業中の女性は現金および医療給付を受けるものとするが、現金給付の水準は、原則として、従前所得または給付計算のために考慮される所得の3分の2を下回ってはならない。
⓴家事労働者のためのディーセント・ワークに関する条約　2011年（第189号） 	⓴家事労働者はほかの労働者と同じ基本的な労働者の権利を有するべきとして、安全で健康的な作業環境の権利、一般の労働者と等しい労働時間、最低でも連続24時間の週休、現物払いの制限、雇用条件に関する情報の明示、結社の自由や団体交渉権といった就労にかかわる基本的な権利および原則の尊重・促進・実現がなされなければならない。

（イラスト：清水美希）

作成：肥下彰男（条約は条文概要をさらに要約している）。参考：ILO駐日事務所「国際労働基準―ILO条約・勧告一覧」
http://www.ilo.org/tokyo/standards/list-of-conventions/lang-ja/index.htm

●……解説

●ILOとは

　第一次世界大戦後の1919年、ベルサイユ条約第13編労働では「結社の自由、労働生活条件、8時間労働制、週休制、児童労働の禁止、同一労働同一賃金の原則、労働監督制度の確立」が宣言されました。そして、国際的な条約や勧告を採択することを目的とした国際労働機関を設置することが定められ、設立されたのがILOです。ILO憲章前文には「世界の永続する平和は、社会正義を基礎としてのみ確立することができる」「いずれかの国が人道的な労働条件を採用しないことは、自国における労働条件の改善を希望する他の国の障害となる」ことがうたわれました。そして、1944年に第二次世界大戦後の国際社会を見据えて出された「国際労働機関の目的に関する宣言（フィラデルフィア宣言）」では、基礎となる根本原則として「(a)労働は、商品ではない。(b)表現及び結社の自由は、不断の進歩のために欠くことができない。(c)一部の貧困は、全体の繁栄にとって危険である。(d)欠乏に対する戦は、各国内における不屈の勇気をもって、且つ、労働者及び使用者の代表者が、政府の代表者と同等の地位において、一般の福祉を増進するために自由な討議及び民主的な決定にともに参加する継続的且つ協調的な国際的努力によって、遂行することを要する」が打ち出されました。また、ILOの仕組みの最大の特徴は、政府代表・労働者代表・使用者代表の三者で構成されていることで、この三者が「同等の地位」で活動することがこの宣言のなかで求められました。

　1998年には経済のグローバル化に対応すべく「労働における基本的原則及び権利に関するILO宣言とそのフォローアップ」を採択し、最低限の労働基準を中核的労働基準として、4つの分野で8つのILO条約を指定しました。(a)結社の自由及び団体交渉権分野における結社の自由及び団結権保護条約（第87号）、団結権及び団体交渉権条約（第98号）、(b)強制労働の禁止分野における強制労働条約（第29号）、強制労働廃止条約（第105号）、(c)最低年齢条約（第138号）、最悪の形態の児童労働条約（第182号）、(d)雇用及び職業における差別の排除分野における同一報酬条約（第100号）、差別待遇（雇用及び職業）条約（第111号）です。この8条約については未批准の場合でも「誠意をもって、憲章に従って、これらの条約の対象となっている基本的権利に関する原則を尊重する義務を有する」とされています。2008年の「公正なグローバル化のための社会正義に関するILO宣言」では、進歩と社会正義の達成を支援するというILO憲章に体現された価値と原則のうえに立ち、ディーセント・ワーク課題を通じてこの目標を進めることへの支持を宣言しています。

●ILOの監視機構

　ILOでは、条約・勧告の適用状況についての審査や批准を促進するための仕組みを設けています。毎年の総会で条約や勧告が採択されると、各国政府は国内での適用についての情報と報告をILO事務局に提出しなければいけません。また、通常の監視機構として、条約勧告適用専門家委員会や基準適用委員会という国際的な専門家で構成する条約・勧告に関する独立した委員会があ

ります。ほかに、個別批准条約の実施上の問題点に関する苦情の申立にもとづく審査手続きがあり、特に労働組合の権利の侵害に関する申立は結社の自由に関する実情調査調停委員会と結社の自由委員会で審査されることになっています。

●ILOと日本

日本はILOが誕生した1919年からの原加盟国ですが、1940年から1951年の間は国際連盟とともに脱退しています。日本はILO通常予算に対する第2位の拠出国で、創設以来主要産業国の一員として常に常任理事国の地位を占めてきました。しかし、現在（2015年5月末）189（うち撤回5、棚上げ25）あるILO条約で、日本が批准している条約は49しかありません。OECD（経済協力開発機構）諸国の平均批准条約数の74と比べてもかなり少なく、憲法で国際主義をうたっている国の姿勢としてはあまりに消極的です。多くの国が批准している中核的労働基準の8条約のうち、105号と111号が未批准のままです。次に、分野主題別に日本の課題を条約に照らして解説します。

●分野主題別

労働時間

労働時間に関する条約は20近くありますが、日本はどの条約にも批准していません。「ILO条約カード」の①40時間制条約（第47号）と、⑫有給休暇条約（第132号）、⑯パートタイム労働条約（第175号）が分類されています。そもそも日本は第1号条約である「労働時間（工業）条約」（工業的企業における労働時間を1日8時間かつ1週48時間に制限する）を、当時の日本の状況を考慮した特殊国条項を付記されたにもかかわらず、生産力の後進性を理由に批准しませんでした。①40時間制条約は「1週の労働時間は労働者の生活水準の低下を伴わずに、漸進的に40時間に短縮しなければならない」という「労働時間の短縮に関する勧告」（第116号）に継承されています。日本の労働基準法には第32条「使用者は労働者に休憩時間を除き1週間について40時間を超えて労働させてはならない。使用者は1週間の各日については労働者に休憩時間を除き1日について8時間を超えて労働させてはならない」とありますが、第36条に「協定で定めるところによって労働時間を延長し、又は休日に労働させることができる」（36協定）があり、長時間労働、ひいては「過労死」の温床にもなっています。さらに、政府は労働時間規制の見直しを検討しているのが現状で、国際労働基準とはさらにかけ離れていく方向にあります。⑫有給休暇条約については、労働基準法では、初めは10日で勤務年数に応じて20日までとなっていますが、取得率が低く、本来の趣旨とは異なり、病欠も年休で消化しているのが日本の実態です。また、出勤率の条項が入っているのも特徴です。それに比してILO条約では3労働週（週6日勤務なら18日）のうち、2労働週は連続して取得すると決められています。ほかの条約には有給教育休暇条約（第140号）「有給教育休暇とは、教育（訓練・一般教育、社会教育及び市民教育・労働組合教育）を目的として所定の期間、労働者に与えられる有給休暇で、これの付与を促進するための政策を策定し適用する」もありますが、現存の有給休暇でさえ低い取得率が指摘されている日本の労働環境からは批准には大きなハードルがあります。⑯パートタイム労働条約については、非正規雇用労働者が急増しているなかで、日本でも「パートタイム労働法（短時間労働者の雇用管理の改善等に関する

法律)」(2007年改正)が制定されましたが、フルタイム労働者との「均等待遇」については適応を受ける対象の労働者があまりにも少なく、条約との差異は明白です。

機会および待遇の均等

⑦同一報酬条約（第100号）、⑨差別待遇（雇用及び職業）条約（第111号）、⑭家族的責任を有する労働者条約（第156号）の3つが分類されています。まず、⑦同一報酬条約は、同一価値の労働についての男女労働者に対する同一報酬の原則をすべての労働者への適応を促進する条約で、日本は批准しています。しかし、実態として女性労働者に対する賃金や採用・昇進等には「差別」が存在していると条約勧告適用専門家委員会から指摘され、是正を勧告されてきました。1993年に東京地裁に提訴された野村證券（男女昇格賃金差別）事件では、2001年に原告らの所属する野村證券労働組合が、ILOに対して男女別のコース制人事管理が100号条約に違反していると申立をおこないました。そして、条約勧告適用専門家委員会が東京地裁判決もふまえて2003年の国際労働総会でこれを報告したことで、スウェーデンの社会的責任投資コンサルタントのGESが、野村ホールディングスを投資不適格リストに入れたのです。このことが「野村證券グループ倫理規定」制定、そして2004年の東京高裁での和解につながりました。⑭家族的責任を有する労働者条約は、子どもや近親者の面倒をみるために、職業生活に支障をきたすような男女の労働者にさまざまな保護や便宜を提供し、家族的責任と職業的責任が両立できるようにすることを目的とした条約で、日本は批准しています。1996年、NTTは千葉県の銚子無線局を廃止し、無線通信士などの労働者を一斉に配置転換させました。この配置の無効と異職種配転、単身赴任、長時間通勤で被った損害の補償を求めたのが「銚子〈異単長〉裁判」です。2000年、原告団と通信産業労働組合はILOに配置の強行はこの条約に違反しているとして提訴・申立をおこない、2002年に条約勧告適用専門家委員会は「労働者にたいする転勤の強制の実施を見直し、条約の定める必要条件により合致したものになるよう希望する」と是正勧告を出しました。最高裁は労働者の訴えを認めませんでしたが、2002年に育児・介護休業法が改正され、配転における事業主の配慮義務が盛り込まれることになりました。⑨差別待遇条約は雇用と職業の面で、いかなる差別待遇もおこなわれてはならないことを規定する条約ですが、日本には「広範な差別を除去するための措置をとる国内法がない」という理由で批准していません。しかし、この条約は前述のように中核的労働基準なので、未批准でもILO加盟国は遵守する義務があるものです。日本における正社員とほぼ同じ業務をおこなっている非正規社員の不安定な雇用や低賃金などの差別的な扱いはこの条約に違反している可能性があります（国内法では労働契約法第20条に「期間の定めがあることによる不合理な労働条件の禁止」の項目があります）。郵政産業ユニオンはILOに対して差別待遇条約と日本も批准している雇用政策条約（第122号）にもとづき、監視活動と審査を求める「情報提供」をおこない、2013年に条約勧告適用委員会は日本政府に対して「郵政民営化によって影響を受けた労働者」「非正規雇用労働者」「女性の雇用」「若年者雇用」などの6項目について回答を求めています。

結社の自由、団体交渉および労使関係

日本は、⑥団結権及び団体交渉権条約（第98号）を1953年に批准しましたが、③結社の自由

及び団結権保護条約（第87号）にはなかなか批准しませんでした。そこで、1958年に日本労働組合総評議会（総評）と国鉄機関車労働組合（のちの動労）がILOの結社の自由委員会に労働組合権の侵害として提訴しました。その後、ILO結社の自由委員会は日本政府に対して、5年半の間に87号条約の批准勧告を13回出しましたが、日本政府がその意向に反したため、1964年、ILO理事会は、結社の自由に関する実情調査調停委員会に「日本問題」を付託しました。派遣された調査団（ドライヤー委員会）は、日本で広範な調査活動を実施し、87号条約の批准に一刻も猶予できないと声明を出し、日本政府は1965年4月に批准しました。8月には「ドライヤー報告」が世界に向けて公表されました。国鉄が1987年に分割・民営化されJRが発足したさい、国鉄労働組合（国労）や全国鉄動力車労働組合（全動労）などの組合員ら約7600人が組合所属・組合活動を理由にJRへの採用を拒否され、そのうち1047人は国鉄清算事業団からも解雇されました。JRへ採用されなかったことは組合差別の不当労働行為であるとして、国労など3つの労組が労働委員会へ救済を申し立て、中央労働委員会は、一部に不当労働行為があったと認め、採用・再選考をおこなうよう求める命令を出しました。しかし、JRがこの命令取り消しを求める行政訴訟を起こし、1998年、東京地裁は「JRに責任はない」として救済命令を取り消しました。そこで、組合側はILOに③結社の自由及び団結権保護条約が求める団結権回復にむけて有効な救済措置がとられていないとして、結社の自由委員会に申立をおこないました。この事件は申立後、2010年の「和解」に至る解決までに13年の年月を要しましたが、ILO結社の自由委員会は第1次勧告（中間）で「委員会は、日本政府にたいし、当該労働者が公正に補償されることを確保し、当事者に満足のいく解決に早急に到達するよう、JRと申立組合間の交渉を積極的に奨励するよう強く主張する」とし、以後も9次にわたる是正勧告を出し、政府に解決を促してきました。勧告には直的な拘束力はありませんが、ILOの監視下におかれることは政府への大きな圧力になってきたといえるでしょう。

雇用保障

⑮雇用終了条約（第158号）は、使用者による不当な解雇をなくすとともに、雇用調整の場合、労働者への影響を最小限のものとする努力が企業には求められるとされています。日本は未批准です。2010年の日本航空による整理解雇事件では、被解雇者らは原告団を構成し、国内の裁判で争うとともに、ILO結社の自由委員会に対して、③結社の自由及び団結権保護条約と⑥団結権及び団体交渉権条約に違反するものとして、申立をしました。ILOはこの事案について第1・2次の勧告を出しています。第2次勧告では「日本航空が2012年に新たに客室乗務員940人の採用をおこなっていることからしても、委員会は本件の前回の審議で、企業が人員削減計画をおこなう際には労働組合との完全かつ率直な協議が確実に実行されることが重要であるとしたことに注目し、そのような協議において、経済的理由による解雇後に再び雇用される労働者に関して、彼らの見解が十分に重きをおかれることを目的として、今後の採用計画において、すべての労働組合との協議が、確実に実行されることもまた期待する」としました。これは⑮雇用終了条約と同時に採択され雇用終了勧告（第166号）で規定される解雇された労働者の優先的再雇用権を認めなかったことを批判したものと考えられます。また、日本では解雇制限の緩和となる「ジョブ

型（限定）正社員」の導入や「解雇の金銭解決制度」が検討されていますが、解雇（雇用終了）に関する国際基準であるこの条約への批准を念頭に議論する必要があると考えられます。

労働安全衛生

労働安全衛生については、日本は「予防的な安全衛生文化の醸成と安全衛生のためのシステムアプローチの確立」をめざす「職業上の安全及び健康促進枠組条約（第187号）」を世界で最初に批准し、それに向けて国内法である労働安全衛生法も批准の前年に改正しました。これにより労働者の安全衛生の取り組みは大きく前進しました。しかし、残念ながら安全衛生の中心的条約である「職業上の安全及び健康に関する条約（第155号）」には未批准です。条約の第17条「二以上の企業が同一の作業場において同時に活動に従事する場合には、これらの企業は、この条約の要件を適用するに当たって協力する」が国内法制と整合性がとれないことを未批准の理由としています。また、⑩放射線からの保護に関する条約（第115号）には批准しているものの、未曾有の原発事故が起こった現状のなかで、収束・廃炉・除染にかかわる労働者の安全がいかに守られているかには注視する必要があります。

賃金

④労働条項（公契約）条約（第94号）は、少なくとも一方の当事者が公の機関との契約をおこなった場合に、賃金をはじめ労働時間その他の労働条件について「当該労働が行われる地方において関係ある職業又は産業における同一性質の労働に対し次のものにより定められているものに劣らない有利な賃金（手当を含む）、労働時間その他の労働条件を関係労働者に確保する条項を包含しなければならない」と規定しており、建設労働者やビルメンテナンス労働者などの生活と賃金を改善するうえで重要な役割を果たしますが、日本は批准していません。公契約は、住民の税金を使っておこなう事業であり、発注者である公的機関は雇用主（使用者）の模範となり、受注者である民間企業も労働条件を引き下げないことが要請されます。⑪最低賃金決定条約（第131号）に日本は批准していますが、日本の最低賃金法では、条約で最低賃金水準の決定にあたり考慮すべき要素として書かれている「労働者と家族の必要であって国内の一般的賃金水準、生計費、社会保障給付及び他の社会的集団の相対的生活水準を考慮したもの」が欠落しています。日本の最低賃金はヨーロッパ諸国に比べて低いことが指摘されています。「家族の必要性」を考慮した月額の最低賃金の設定が必要だと考えられます。

強制労働

日本は強制労働条約（第29号）に批准していますが、1966年に条約勧告適用専門家委員会で「従軍慰安婦」問題がこの条約違反であることを指摘されたことがあります。⑧強制労働廃止条約（第105号）には未批准です。この条約では「ストライキに参加したことに対する制裁」を禁止していますが、日本の国家公務員法ではストを「企て、共謀し、そそのかし、若しくはあおった」者に対する罰則規定として、懲役刑が定められています。これを変更しなければこの条約を批准できません。そもそも、ILOでは公務員の市民的自由の保障について、公務員の団結権の保護及び雇用条件の決定のための手続を定めた労働関係（公務）条約（第151号）で、公務員は「そ

の身分及びその職務の性質から生ずる義務にのみ従うことを条件として、他の労働者と同様に、結社の自由の正常な行使に不可欠な市民的及び政治的権利を有する」としていますが、日本は未批准です。

労働行政および監督

労働監督は、労働行政の根幹をなすもので、日本も②労働監督条約（第81号）には批准しています。近年「地域主権改革」のもとで、労働基準監督署やハローワークを地方自治体の業務に移管すべきとの意見が出されていますが、そうなれば多くの自治体で財政難を理由に労働行政機関の統合・廃止が進むことが懸念されます。条約では明確に「労働監督は中央機関の監督及び管理の下に置かなければならない」としています。

雇用政策、雇用促進

職業紹介について ILO は、かつて有料職業紹介所条約（第34号）で有料職業紹介所を原則廃止していましたが、ヨーロッパでも労働派遣事業が広範に実施されるようになり、有料職業紹介事業を大幅に解禁すると同時に、労働者保護のための詳細な規定がおかれているのが⑰民間職業仲介事業所条約（第181号）で、日本も批准しています。日本では現在、派遣労働者の永続的利用を可能とする派遣労働法の改正が審議されていますが、ヨーロッパでは2008年に EU 派遣労働指令が出され、派遣労働者を「臨時的に就労するよう」派遣された労働者と定義し、均等待遇原則が明記されています。常用代替防止と派遣労働者の保護の両面について国際労働基準に則ったものにしていく必要があると考えられます。

児童労働の撤廃、児童および年少者の保護

日本は、⑬最低年齢条約（第138号）、⑱最悪の形態の児童労働条約（第182号）には批准しています。しかし、教材で示したように性産業における人身売買の事例は後を絶たないのが実態です。

母性保護

⑲母性保護条約（第183号）は母性保護のなかで最も基本的な権利に関する条約ですが、日本は未批准です。条約では産前産後休暇や育児時間についての有給保障、妊娠にともなう病気についての休暇も権利として認めていますが、日本の保障内容（有給保障については労基法に規定がなく、健康保険法における保障期間は分娩前42日間、後56日間と短いなど）が条約の水準まで到達していないためと考えられます。

移民労働者

移民労働者の基本的な権利を定めたものには、⑤移民労働者条約（改正）（第97号）と⑨差別待遇（雇用及び職業）条約（第111号）がありますが、その後、不正かつ秘密裡の労働力取引が多くの国で多発したので、こうした悪弊を除去するために、1975年の移民労働者（補足規定）条約（第143号）が採択されています。日本はいずれも未批准です。日本では、外国人労働者の受け入れについては「出入国管理及び難民認定法」で一元的に管理してきました。そして、労働力不足

から需要が高いにもかかわらず、単純労働者は受け入れないという政策がとられてきたために、在留資格で研修生・技能実習生として位置づけられてきた外国人労働者が劣悪な環境で働かされる実態がありました。2009年の入管法改正で在留資格「技能実習」がもうけられ、労働基準法・最低賃金法などが適用されることになりましたが、介在するブローカーによる中間搾取などの人権侵害を引き起こす構造は残っています。外国人労働者の適正な受け入れ体制の構築は、この条約の批准を念頭に議論する必要があると考えられます。

特殊なカテゴリーの労働者

⑳家事労働者条約（第189号）はこれまで虐待や性暴力、無給労働、賃金不払いなどの被害労働者であった家事労働者に適切な労働基準（妥当な労働時間や休暇、雇用条件の提示、結社の自由や団体交渉権などの権利）を明示した条約です。日本では「日本再興戦略」において、「女性の活躍推進」を名目とした国家戦略特区における「外国人家事支援人材」の導入が盛り込まれました。すべての家事労働者の権利を保障するためにこの条約の批准が必要であると考えられます。ほかに在宅形態の労働条約（第177号）や看護職員条約（第149号）、条約ではありませんがILO/UNESCO「教員の地位に関する勧告」などがあります。いずれも職業上の特有な雇用条件を考慮した重要な国際労働基準です。

参考文献

中山和久編著『教材 国際労働法』三省堂、1998年
ILO条約の批准を進める会編『国際労働基準で日本を変える』大月書店、1998年
筒井晴彦『働くルールの国際比較』学習の友社、2010年
西谷敏他『労働法 第2版』日本評論社、2013年
牛久保秀樹・村上剛志共著『日本の労働を世界に問う ILO条約を活かす道』岩波書店、2014年
西谷敏他『日本の雇用が危ない 安倍政権「労働規制緩和」批判』旬報社、2014年
石田眞「日本における企業の社会的責任（CSR）、社会的責任投資（SRI）と労働法―野村證券（男女昇格賃金差別）事件からの教訓1)」『Law&Practice』第5号所収
「銚子〈異単長〉裁判の記録」http://www15.plala.or.jp/itancho/

〈肥下彰男〉

死刑廃止条約

刑罰と人権——死刑制度を考える

　日本は現在、世界全体では3分の1にまで減少した死刑存置国の一つです。1989年、国連は死刑廃止条約（市民的及び政治的権利に関する国際規約の第2選択議定書）を採択しましたが、日本はその締約国とはなっていません。市民が裁判員として刑事裁判に参加するようになった今、あなたもむずかしい量刑の判断に参加する可能性があるのです。刑罰や死刑について人権の視点から考えてみる必要があるでしょう。

ねらい

1. 「日本国憲法」第三章の人権条項のうち、3分の1を刑事手続きに関する条文が占めていることを知ろう。
2. どのような刑罰があるのか、それらはなんのためにあるのかを知り、考えよう。
3. 歴史的な変遷のなかで、死刑や身体刑に代わり、近代には自由刑が中心となったことを知り、そのことの意味を考えよう。
4. 死刑制度に対する賛否両論を知り、考えよう。
5. 死刑制度に対する国際社会の潮流を知ろう。

準備するもの

ホワイトボードまたは模造紙（模造紙であれば、記録を保存しておくことができる）（グループ数分）、「日本国憲法」第三章（第10～40条）のコピー（人数分）

- 下記の文書を資料として、必要に応じて参照してもよい（プリント配布、あるいはパワーポイントで映し出すなど）
  ・世界の死刑制度存置・廃止状況などがわかる資料、地図など（後述）
  ・死刑廃止条約（市民的及び政治的権利に関する国際規約の第2選択議定書）

時間のめやす

ステップ①②③④、それぞれ25分。
ステップ①を省略したり、各ステップを統合するなどして時間を短縮できる。

進め方

■ ステップ1… 日本国憲法の人権条項に、刑事手続きにかかわるものがあることを知ろう

1 日本国憲法には、私たちの人権がリストになって示されている。そこにはどんな権利が示されているか、グループに分かれ、それぞれのグループで知っているものをリストにする。

2 「日本国憲法」第三章「国民の権利及び義務」のプリントを配り、グループのリストにあがっている権利と、実際の憲法に書かれている権利とを比べる。日本国憲法にあって、グループのリストがカバーしていなかった権利には、どのようなものがあるか、またグループのリストにはあっても日本国憲法にないものがあるか、探してみる（筆者の経験では、刑事手続き上の権利がグループのリストにはあまりあがっておらず、それらが人権として意識されていない場合が多い）。

3 第31～40条の条文が、刑事手続きに関する権利を示したものであることを伝え、なぜ、こうした条文ができあがったのか、また、それらが第三章の3分の1を占めているのはなぜかを考えてもらう。

4 グループごとの話し合いの内容を、全体で発表し合う。

■ ステップ2…刑罰がなんのためにあるのかを考えよう

1 裁判員制度が始まり、刑事裁判において、市民が裁判官と一緒に被告人の有罪、無罪を判断し、刑罰を決めるプロセスに参加するようになったことをまず説明する。市民として裁判員に選ばれる可能性があり、刑事手続きや刑罰について知り、考える必要があることを伝える。[注1]

●ファシリテーターは、裁判員制度の基本的なシステムについて理解しておこう。ウェブ上の多くの情報提供サイトがある。例えば、
法務省「よろしく裁判員」http://www.moj.go.jp/keiji1/saibanin_seido_index.html
最高裁判所による裁判員制度の紹介 http://www.saibanin.courts.go.jp/introduction/
日弁連「裁判員制度」http://www.nichibenren.or.jp/ja/citizen_judge/about/

注1…裁判員には国籍条項があることも伝え、議論してもよい（衆議院議員の選挙権を有する人のなかから選任されることになっている）。

2 「刑罰には、どのようなものがあるか」参加者が知っているものを、思いつくままにあげてもらう。ポストイットに記入してもらうと、整理しやすい。ファシリテーターは、ホワイトボードや模造紙上に、同じもの、類似したものを整理して貼る。
　その際、「どのような行為（犯罪）に対して、その刑罰が科されるか」、「その刑罰（量刑）が適当であると思うか」、尋ねる。もし、「重（軽）すぎる」という声があれば、「なぜ、そう思うのか」も尋ねてみよう。

●必ずしも刑事司法上のもの、日本で現在おこなわれている刑罰だけに限定せず、参加者の思いつくものをあげてもらう。参加者の年齢などにもよるが、ドラマや映画、ゲームに登場したものや、時代劇などに登場する過去の刑罰があがる場合もある。あくまで考え方を整理するためなので、自由に思いつくものをあげ、刑罰がどのように決まるべきなのか、なんのためにあるのかを考えてもらう。

●なかには、家族間、あるいはクラブ活動などでの「決めごと」が例としてあがるかもしれない（例えば「3回遅刻したら、運動場3周」など）。のちに、私的な罰・制裁と、法的に決められた刑罰の違いを考えるきっかけになる。

●記録をもとに、参加者があげた刑罰が、「自由刑」「身体刑」「生命刑」「財産刑」「名誉刑」などのどれにあたるか、分類する。
　　生命刑……生命を奪う刑罰
　　身体刑……身体に苦痛を与えたり、傷つけたりする刑罰（むち打ち、入れ墨など）
　　自由刑……自由を奪う刑罰
　　財産刑……財産を剥奪する刑罰（罰金、科料、没収）
　　名誉刑……社会的地位、公権をはく奪・停止する刑罰（例えば裁判の証人になれないなど）
　（ほかにも、労役刑、追放刑、身分刑、思想改造刑などがある）

3 フィクションやゲームのなかのことがらと、現在の法律（刑法）によって実際に存在する刑罰とを区別するため、刑法上の刑罰には何があるか（以下の7つ）について説明する。参加者があげた刑罰のリストを見て、現行の刑罰と、それ以外のものを区別してもよい。もし、参加者があげていないものがあれば、こちらから例をあげて説明する。
　　生命刑……死刑
　　自由刑……懲役・禁錮・拘留
　　財産刑……罰金・科料・没収

注2…ちなみに、国際赤十字委員会は、ゲームのなかの残忍な戦争シーンを憂慮し、ゲーム開発者に国際人道法（ジュネーブ条約）を組み込むよう求めている。ゲームの世界にも、国際法への配慮を求めていることは興味深い。

4 上記のように、現行の刑罰とそうでないものを区別すると、歴史上存在していた残酷な刑罰が、現在はおこなわれなくなっていることがわかる。なぜそうなったのかを考える。特に現代の主要な刑罰は「自由刑」であるが、これは近代になり人道的な考え方から生まれたことを知ってもらう。

近代以前は、「応報」や「見懲らし」のために重罰・残虐な刑罰を科し、執行を公開し、見物する庶民に脅威を与えて犯罪を予防しようという考え方があった。しかし、近代「自由刑」は、刑罰として自由を奪い、基本的にはその間に一定の労役を義務として科し、罪を犯した人の教育・改善を目的とする。

5 2では、参加者は知っている刑罰をあげ、それがおこなった行為に対して、量刑として適当かどうかを話し合っているが、その際"罪を犯した人の教育や改善、その後の社会生活に向けた支援"という視点があったか、ふりかえってみる。

●近代「自由刑」の考え方を口頭で説明するだけではなく、それ以前の時代と比較をおこなうと、わかりやすい（例えば、コラム「歴史から考える、日本の刑罰観の変化」では、江戸時代の刑罰の考え方を紹介している）。

■ステップ3…「死刑制度」をめぐる意見を知る

1 「死刑という刑罰について、『それを必要だと考える立場』『なくしたほうがよいと考える立場』には、それぞれどのような意見があると思いますか」と問いかけ、さまざまな意見をあげてもらう。

●「死刑制度にあなたは賛成か、反対か」と問いかけてしまうと、現行法上、日本では死刑制度が存在するので、「法律で認められているなら、議論してもしかたがない」と考え、そこで思考が止まってしまう。そこで、あえて「社会には、どのような意見があると思うか」と問いかけて、考えてもらう。

2 あがってきた「意見」について、類似したものがあれば分類をする。下記のような論点から意見があがってくることが多い。
- ●必要論
    - 応報
    - 社会契約違反
    - 被害者・遺族感情の回復
    - 凶悪犯罪の抑止
- ●不要・廃止論
    - 誤判・冤罪の可能性

生命尊重、残忍な刑罰への反対
　　執行を担う職員の負担[注3]
　　死刑廃止は世界の潮流

3　それぞれの考え方を取り上げ、検討を加えてみる。例えば「死刑が犯罪の凶悪化を抑止している」というが、客観的データがあるのか、「死刑は被害者・遺族感情の回復にとって必要だ」という考え方があるが、そうではない考えをもつに至った遺族もいる[注4]。事実を確かめられるものは確かめながら、意見交換を深めていく。
　なお、両方の視点からよく聞かれる意見を下記に示しておく。

	死刑は不要・廃止したほうがよい	死刑は必要
応報		人を殺したら死をもって償うべきだ。
社会契約	国は市民の「生命への権利」を守る責務がある。「生命への権利」まで、国にゆだねてはいけない。	社会を成立させようという「合意」（社会契約）の下で、社会を構成する一人ひとりには、権利と責任がある。人の生命を奪う行為は「社会契約」を破棄することなので、その者は生命への権利もはく奪されるべきだ。
被害者・遺族感情	重罰が被害者家族にとって、どの程度解決になるのか、客観的な証拠がない。被害者・遺族の処罰感情を結果的に満足させることはあっても、そのために刑があるわけではない。	被害者・遺族感情の回復にとって必要。被害者の遺族は、多くの場合死刑に賛成であり、刑が軽すぎれば遺族はさらに不条理に苦しめられる。
凶悪犯罪の抑止	死刑が犯罪を抑止することについて、科学的な証拠がない（死刑の存置国、廃止国の犯罪率に、死刑廃止を契機とした明確な差がみられない）。	重い刑罰の存在が、犯罪の発生を予防する効果がある。
世論	死刑の是非は世論で決めるべきことではない。世論調査の質問の聞き方が誘導的であり、解釈に問題がある。	日本では市民の8割が死刑制度に賛成している（内閣府2004年、基本的法制度に関する世論調査）。
誤判・冤罪	誤判・冤罪可能性があり死刑が執行されると取り返しがつかない。冤罪での死刑執行の被害は、その他の刑罰と比較して重大かつ回復が不可能。	冤罪可能性のない犯罪への死刑適用はいいのか。誤判、冤罪は、死刑だけにかぎって生じるわけではない。無期刑や長期刑でも同じ。誤判、冤罪を完全になくすために死刑を廃止すべきとの主張は本末転倒だ。
生命尊重、残忍な刑罰への反対	死刑は残忍な刑罰である。死刑を強く求める世論によって、生命を軽視する風潮が生まれる。	現在の絞首刑は、過去の刑罰とは異なり残忍とはいえない。特に大量殺人をおこなった者を死刑にしないのは、被害者の生命の侮辱になり、正義に反する。
執行を担う職員の負担	刑を執行する刑務官の精神的負担が大きい。死刑に賛成する人は、刑務官に執行を「代行」させている。	刑の執行に負担を感じる職員は職業を変えればよい。
世界の潮流	死刑廃止条約採択以後、多くの国が死刑を廃止・停止している。国連の機関からも日本に執行停止を求める勧告をした（2007年）。EUには、死刑存置国は加盟できない。	死刑廃止の中心は欧州と南米で、アジア・アフリカの民主国家でも死刑は存続している。世界の潮流とはいえない。死刑存廃は国内問題で、国連機関の投票に左右されるべきでない。

注3…死刑の執行を担う刑務官を描いた作品としては、吉村昭の短編「休暇」を映画化した門井肇監督『休暇』があり、また、元刑務官である坂本敏夫氏が複数の著作を出版している（『死刑執行命令―死刑はいかに執行されるのか』日本文芸社、2010年、『死刑執行人の記録―知られざる現代刑務所史』光人社、2006年など）。コミックでは、郷田マモラ『モリノアサガオ』（1～7巻は2004～2007年、番外編は2010年刊。いずれも双葉社）がある。
注4…例えばアメリカでは、殺人事件の被害者遺族と死刑囚の家族がともに旅をしながら、語り合い、体験を共有する「ジャーニー・オブ・ホープ」の取り組みが行われている。坂上香『癒しと和解への旅―犯罪被害者と死刑囚の家族たち』では、この旅に参加をした双方のそれまでの体験、思い、心の葛藤を描きだしている。

■ ステップ4…「死刑制度」をめぐる世界の状況を知る

1 「死刑制度は、今、世界のどのくらいの国でおこなわれていると思うか」と問いかけ、参加者に意見を求める（なぜ、それくらいの数だと考えるのか、その根拠を合わせて聞いてもよい）。

2 死刑存置国、廃止国の数、現状を資料によって示す。
　毎年3月にアムネスティ・インターナショナルによる世界の死刑の執行状況についてのレポート（前年度分、英語）が公開され、続いて日本語版が公表されている。最新情報については、こちらを参照するとよい。予測とどのように違ったか、レポートをもとに確認してみる。

死刑の潮流　1995-2014年

死刑廃止国の増加

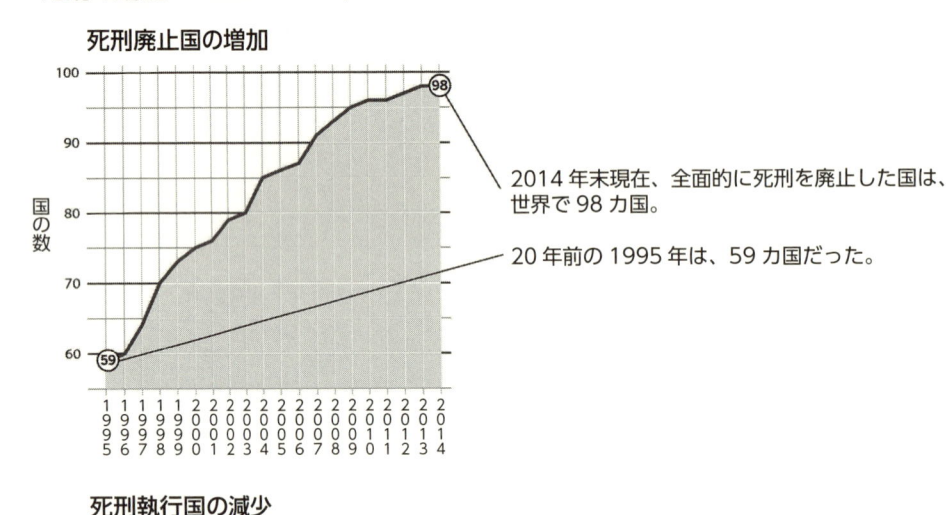

2014年末現在、全面的に死刑を廃止した国は、世界で98カ国。

20年前の1995年は、59カ国だった。

死刑執行国の減少

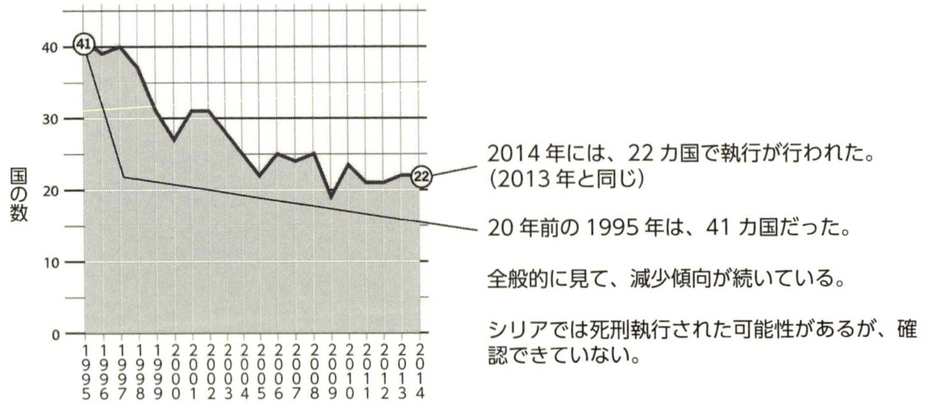

2014年には、22カ国で執行が行われた。（2013年と同じ）

20年前の1995年は、41カ国だった。

全般的に見て、減少傾向が続いている。

シリアでは死刑執行された可能性があるが、確認できていない。

DEATH SENTENCES AND EXECUTIONS 2014
AMNESTY INTERNATIONAL APRIL 2015

http://www.amnesty.or.jp/human-rights/topic/death_penalty/shikei_2014_trend.pdf
（アムネスティ・インターナショナル日本のホームページより）

> **2014年世界のすう勢は……**
>
> **死刑を執行した国の数、人数**：22カ国、607人。2013年の778人から22%減少。
> （ただし十分な死刑情報が得られない中国を含めていない）
>
> **法律上・事実上の廃止国数：140**
> 　　あらゆる犯罪に対して死刑を廃止している国の数：98
> 　　通常の犯罪に対してのみ死刑を廃止している国の数：7
> 　　事実上の死刑廃止国の数：35
> 　　（法律上または事実上の死刑廃止国の数が世界全体に占める割合：約70%）
> **存置国数：58**
> ※「通常の犯罪に対してのみの廃止国」とは、「軍法下の犯罪のような、通常と異なる裁判手続きによって裁かれる例外的な犯罪についてのみ、法律で死刑を規定している国」のこと。
> 　　　　　　（2014年12月末現在、アムネスティ・インターナショナルのウェブサイトより）

3　国際社会では、死刑廃止のための条約があることを知る。

　国連で「死刑廃止条約」（市民的及び政治的権利に関する国際規約の第2選択議定書）が採択（1989年）され、発効（1991年）し、その締約国は81カ国である（2015年4月15日現在）。条約締約国だけに限らず、実際に死刑を執行していない国は、2で学んだとおり、もっと多い。

● 日本は「市民的及び政治的権利に関する国際規約」の締約国ではあるが、選択議定書（死刑廃止条約）は締結していない。
● 日本は、国連の条約機関、人権理事会から、執行の停止、死刑の廃止を求められてきた。
● 2014年12月、第69回国連総会において「死刑の廃止を視野に入れた死刑執行の停止」を求める決議が採択された。同様の決議は2007年以来、2008年、2010年、2012年にも採択されており、賛成国は2007年の104カ国から毎年増え、今回は過去最高数である117カ国が賛成票を投じている。2013年、国連加盟国193カ国のうち、173カ国は死刑執行をおこなっていないので、決議を加盟国が尊重していることがわかる。
● 一方、反対国は2007年の54カ国から、今回38カ国へと大きく減じた（棄権34カ国）。日本政府は、過去5回のいずれも反対票を投じている。
● 「死刑廃止条約」（日本語）は、ミネソタ大学人権図書館を参照。
　http://www1.umn.edu/humanrts/japanese/Jb5ccprp2.htm

●……解説

●日本国憲法の人権条項の3分の1を占めるのは、刑事手続き上の人権

　このレッスンプランをつくるのに至ったのは、この本の最初に紹介した「人権って何？」のアクティビティをするたびに、たいてい同じ経験をしたからでした。グループでつくりあげた自分たちの「しあわせの条件（人権のリスト）」を、最後に日本の憲法と比べてみると、自分たちのリストにはないものが、ずいぶんとたくさん憲法第三章のなかにある、と多くの参加者が気づき、指摘してくれたのです。

　「日本国憲法」第三章（10～40条）は、私たちの人権のリストです。しかし、そこには「法の下の平等」「思想信条の自由」や「教育の権利」「人間らしい暮らしをする権利」などの"おなじみの権利"ではないものが約3分の1含まれています。それらが刑事手続き上の権利です（第31～40条）。自分や身近な人が犯罪の被害者、あるいは被疑者にならなければ、多くの人は、こうした権利を自分の日常からは縁遠いと感じているかもしれません。

　これらの権利は、戦前の刑事手続きにおける重大な権力の濫用に対する反省から、戦後憲法に盛り込まれました。プロレタリア文学の作家であった小林多喜二が、特高警察に逮捕され、凄惨な拷問を受けて死亡したことはよく知られています。こうして、戦後憲法は刑事手続きについて詳細な規定をおき、被疑者や被告人の人権に配慮し刑事手続きを進めることが警察・検察の法的義務となったのです。人権を学ぶのであれば、憲法の人権条項の3分の1を占める刑事手続きについても、取り上げてほしいと思います。

　また、裁判員制度が始まり、刑事手続きを「日常から縁遠い」ものとしてすますことができなくなりました。裁判員は、刑事裁判の審理に参加し、裁判官と論議し、被告人が有罪か無罪かを判断し、有罪の場合にはどのような刑罰を宣告するのかを決めることになります。裁判員裁判が取り上げるのは、殺人罪、強盗致死傷罪、傷害致死罪、現住建造物等放火罪、身代金目的誘拐罪などの重大な犯罪で起訴されたケースで、場合によっては死刑も含む判断も求められることになります。刑罰とは何か、死刑とは何か、考えてほしいと思います。

●死刑廃止条約──まだ締約国ではない条約を知り、世界の考え方を知ろう

　筆者自身は、「死刑のない社会がよい」と考えています。しかしながら、アクティビティのなかでは、あくまで「死刑反対」のトーンを全面に出すのではなく、また、学習者に「賛成か反対か」の態度を明らかにさせるのではなく、「両論を知ること」「世界の潮流を知ること」に焦点をおきました。現在の日本では死刑は合法な刑罰とされているため、「法に逆らう議論をしてもしかたがない」と考え、思考を止めてしまうことがないように、両論を「まず知る」ところから始めようと考えたからです。

　「死刑廃止条約」だけでなく、本書の別のところでも、「日本がまだ締約国になっていない条約」を取り上げていますが（例えば「国際労働基準で社会を変えよう！」で取り上げたILO条約）、「まだ日本が締約国になっていない、日本では拘束力のない人権基準は、私たちに関係がない」とと

らえるのではなく、世界の潮流を知り、これから自分の暮らす社会をどう築くのかを考える一歩にしてほしいと思います。

●「危険なものは遠ざけてしまえば、自分には関係がない」という感覚を問い直す

　ところで、みなさんは、2011年7月のノルウェーで起きた政府庁舎爆破・銃乱射事件を覚えておられますか。同じ犯人が、首都にある政府庁舎の爆破で8人の犠牲者を出したあと、ウトヤ島で銃を乱射し、69人が犠牲となりました（後日さらに犠牲者は増えました）。特にウトヤ島では労働党青年部が企画したサマーキャンプの最中であったため、犠牲者の大半が10代の若者でした。犯人は、移民政策に批判的で、多文化主義を掲げた労働党を標的にしたと主張しました。これに対するオスロ司法裁判所の判決は「禁錮21年（かつ、最低10年服役しなければならない）」だったのです。

　大変重大な犯罪でしたので、この判決には筆者自身も驚きました。ですが、ノルウェーには民間人の死刑も終身刑もなく、最高刑が21年の禁錮刑だけということに、さらに驚きました。そして、この判決によって、ノルウェーと日本の、犯罪に対する「感覚」のようなものの違いも意識させられました。死刑がないばかりか、最高刑が21年のノルウェーでは、罪を犯した人がやがて私たちと同じ地域社会に戻り、暮らすことが前提とされているのです（もっとも、拘禁の期間が延長される可能性もありますが、逆に21年に満たない間に釈放されるかもしれません）。重罰化や、死刑制度とは、「危険な人は向こうにやってしまえばよい（そして自分とは関係がなくなる）」という感覚につながってはいないでしょうか。また、罪を犯した人が地域社会に戻ってくるということは、犯罪の背景にあった社会の問題を変えなければならない、ということにもつながります。刑罰に対する考え方は、犯罪を個人の問題だけではなく、社会の問題としてとらえることに深くかかわるのです。

参考文献

石井良助『江戸の刑罰』中央公論社、1964年（吉川弘文館より2013年に再刊）
公益社団法人アムネスティ・インターナショナル日本「死刑廃止―最新の死刑統計」2014年
https://www.amnesty.or.jp/human-rights/topic/death_penalty/statistics.html

〈阿久澤麻理子〉

コラム　歴史から考える、日本の刑罰観の変化

　現代の主要な刑罰は、自由刑（懲役・禁錮刑）ですが、近代以前は状況が異なりました。石井良助『江戸の刑罰』（1964年）によると、
- 江戸時代の主要な刑罰は生命刑（死刑）と追放刑で、
- 江戸時代も牢はありましたが、それは基本的に「未決拘禁所」であって、自由を制約することを刑罰として、牢に入れていたわけではありません。
- また、刑罰は「見懲らし」が目的で、重罰を科して執行が公開されていました。恐ろしさを見せつけ、犯罪を予防しようとの考えがあったからです。

こうした考えが大きく変化したのは、同じく石井によると、江戸時代の「公事方御定書」です。八代将軍徳川吉宗が、主として庶民を対象とする法典として1742（寛保2）年に完成させました。

- 「公事方御定書」以後、刑罰の「残酷さ」は大きく減じ、
- 以前は「見懲らし」が目的でしたが、以後は罪意を問題にし、犯人を悔悛させることが主眼（自由刑が「更生」を目的に下されるように）となりました。

　幕府による「人足寄場」の例などは、これにあたるでしょう。
　ただし、「見懲らし」の考え方がなくなったわけではありません。庶民の生命刑の場合では、処刑前や処刑後の「晒し」が設けられていました。例えば、獄門（市中引き廻しのうえ、打ち首、試し斬りの後、晒し）や磔（市中引き廻しのうえ、磔柱に縛り、鎗で突き、晒し）は、死後も恥辱を与え、公開によって犯罪を防止するために行われました。また鋸挽は、処刑前に罪人を土中に埋めた箱に入れ、首だけを地上に出させて晒しました（横に鋸を置きましたが、実際に通行人にひかせることはせず、形式的な付加刑として行われたものです）。さらに、放火犯には火刑を科すとか、親や主を殺した者の子どもも、責任を負って処刑される「縁座」といった考え方もありました。現代の刑罰にこうした形式は当然ありません。ですが、意識のレベルでは、そうした考え方が、まだ残されているのではないでしょうか。例えば、厳罰化が進む背景には、類犯を予防するための見せしめ的な考え方が、色濃く感じられます。予防ばかりを考えると、なぜその人が罪を犯すことになったのか、その背景を考え、刑罰として何が妥当で、その人が社会に復帰するためにどのような支援が必要なのか、という観点が抜け落ちてしまいます。
　ところで、「見懲らし」のために、刑が公開されていた当時は、その様子を人びとが目にすることになるので、そのことに対する、考えを記している歴史的書物に出合います。それは処刑された者、縁座された者への同情であったり、処刑を指揮した奉行や権力への批判であったり、とさまざまです。皮肉なことに、近代化のなかで刑罰を直接目にすることがなくなった私たちは、こうした感情も考えももつことがなくなっているように感じます。

〈阿久澤麻理子〉

難民条約

国境を越えた人権基準
──難民問題と私たち

「難民」ってどんな人のことをいうのでしょうか。なぜ「難民」は生み出されるのでしょうか。国際人権基準に則った難民保護のあり方について学び、私たちに何ができるか考えてみましょう。

ねらい

1 難民問題とは何かをクイズで考えよう。
2 「迫害」とは何かについて考え、「難民」とは人権を保障されなかった人びとであることを知ろう。
3 日本における難民の受け入れ状況について知り、その制度上の問題点について考えよう。

準備するもの

資料①②③、ワークシート①②③、クイズ解答、ふりかえりシート、(ふりかえりシートは人数分、ほかはグループ数)

進め方

■ ステップ❶…「難民」問題とは何か

1 人数に応じて、4～5人で1グループとなるようグループ分けをする。

2 グループごとに着席し、自己紹介などをして、話しやすい雰囲気をつくっておく。

3 各グループにワークシート①「クイズで考えよう」を配る。

4 Q1について、各グループで話し合い、発表してもらう。

　●ワークシートに掲載の写真は筆者が撮影したものだが、ネットから同様の写真を検索し、プロジェクターで映してもよい。

5 Q1の解説をし、難民問題が国際社会にとって大きな問題となった背景として、ナチスによる迫害や東西冷戦があったことをおさえておく。

6　クイズ Q2 ～ 4 について、各グループで話し合い、発表してもらう。

7　Q2 ～ 4 の解説をし、2013 年に世界で強制的な移動と避難を余儀なくされている人が 5000 万人を超えたのは、第二次世界大戦後初めてであり、まだ増え続ける危険性があることをおさえておく。

●時間があれば、ここで UNHCR（国連難民高等弁務官事務所）制作の VTR「人を守る人の手──小さな一歩を踏み出そう」（18 分 17 秒、2011 年）を観る。

8　Q5 ～ 9 について、各グループで話し合い、発表してもらう。

9　Q5 ～ 9 の解説をし、「クイズの解答」を全員に配る。

● Q8 の「難民の定義」については、参加者全体が見えるように書いておき、難民定義の 4 要素「国籍国または常居国の外にいること」「迫害を受けるおそれがあるという十分に理由のある恐怖を有していること」「迫害の理由が条約上の 5 つの理由（人種、宗教、国籍、特定の社会的要因の構成員であること、政治的意見）に含まれること」「政府による効果的な保護がないこと」を確認しておく。

10　クイズ全体をとおして、気づいたことを各自がワークシートに書き込み、それを各班のなかで発表し共有する。

■ ステップ 2 …「迫害」とは何か

1　全員にワークシート②「『迫害』って何？」を配付する。

2　資料①の A「日本の裁判所で採用されている『迫害』の意義」を参加者全員が見えるところに表示し、「迫害の状況表」のなかで、どの項目が迫害にあたるかを各グループで話し合い、発表する。

3　資料①「『迫害』について」を全員に配布する。

4　資料①の B「UNHCR『難民認定ハンドブック』での迫害の意義」を読んで、A とどう違うかを考え、どの項目が「迫害」にあたるかを各グループで話し合い、どの項目が追加されたかを発表する。

5 日本では「迫害」を身体への危害・拘束に限定しているが、UNHCR は「中核的な基本的人権」への侵害も「迫害」と考えられていることをおさえておく。

■ステップ3…日本における難民保護について

1 資料②の「日本における難民認定審査」を全員に配布する。

2 資料②を見て、日本の難民認定制度や認定数について確認する。

3 資料③「ケーススタディ…ビルマ難民・マウンマウンさん」を配る。

● 「ミャンマー」という国名は、軍事政権が使用したことから、本書では「ビルマ」という国名を使用している。

● このインタビューは、ビルマ難民救援センターの協力のもと、筆者が直接おこなったものである。

4 ワークシート③「難民アートから考えよう」を配布する。

5 各グループでワークシート③に従って話し合い、発表する。

●韓国は 2013 年に出入国管理法から独立した「難民法」を制定し、現在では日本よりも難民認定数は多い。

●日本では「抑圧国家における著名な反体制活動家」以外の者が難民認定を受けるのが非常に困難な状態が続いている。

●日本の出入国管理ではオーバーステイや不法入国の疑いがある者については全員収容するべきという全件収容主義をとっているために配慮すべき人や収容するべきではない人までも収容されている。しかし、収容は身体の自由の制約として、国際人権法では不要な収容は禁止され、国連拷問禁止委員会（2013 年）および自由権規約委員会（2014 年）から総括所見で是正を勧告されている。

6 ワークシート③「難民アートから考えよう」を配布し、日本ではほとんど認定されない難民申請者がどんな思いでその絵を描いたかを各グループで想像し、発表する。

●「難民アート」は東京都北区にある日本キリスト教団王子教会において、道家木綿

子さんの発案で難民申請者のエンパワメントを目的として実施された難民アートワーク活動のなかで描かれた作品である。

このアートワークでは、その日に描くテーマについて全員で話し合ったあと、1.7m×2mぐらいの紙に、テーマにもとづいた絵を参加者が共同で描いて一つの絵を完成させていく（参考：佐野真樹子「在日難民への心理的サポート─アートワークを通じた難民への心のケア」）。

7 難民アートワークを開催していた王子教会のブログの以下の文章を参加者に紹介する。

「月面のカゴの鳩」…難民申請者の方の親族の子どもが、故国で交通事故に遭い、大けがをしました。けれども、近くにいてあげることもできません。そんな淋しさを絵に表しました。場所は月の上です。地球の姿は見えるのに、自分は一人月の上のカゴの中に閉じこめられていて、どうすることもできません。このカゴからでることさえできれば、ハートは大きくふくらんで、地球に飛んでいくこともできるのに。

「それでもまだ生きている」…クルド人の方の発案で、大きなハートを描きました。しかしそのハートにはナイフが突き立てられ、ハートは四つに引き裂かれそうになっています。これは、トルコ・シリア・イラン・イラクの間で、引き裂かれてきたクルド民族の気持ちを表しています。しかし、流された血の中から新たなハートが生まれ、このハートはそれでもなお生き続けるのだ、というのが心の底の気持ちです。痛々しい絵ですが、引き裂かれても、ナイフを突き立てられてもなお生き続けるものがある、という気持ちには、深く励まされます。

「時計」…難民申請をしながら、いつまでたっても、認定がおりず、いつ迫害の待つ故国に強制送還されるかわからないなかで日々を送っておられる難民申請者にとっては、時計の時間はいつまでたってもゼロのままです。一方、ある難民申請者の故国では、女性が石打の刑で処刑される出来事が、バレンタインデーの日にありました（右下の半分土に埋まったハートは、それを表しています）。「愛の行い」は、バレンタインデーその日限りではありません。「愛には時がない」、左半分はそのことをあらわしています。

ふりかえり

1 5～6人のグループに分かれる。

2 「あなたはこれまで、難民問題について関心がありましたか」と問いかける。

3 「もし、あまり関心がなかったとするなら、それはなぜでしょう」と問いかけ、ふりかえりシートの②に記入する。

4 「難民問題について関心をもつことを妨げている個人的な要因は何ですか」と問いか

け、ふりかえりシートの③に記入する。例えば「外国の出来事だと思っていた」や「自分とは関係ないと思っていた」などがあげられよう。

5 「難民問題に関心をもつことを妨げている社会的な要因は何ですか」と問いかけ、ふりかえりシートの④に記入する。「学校で教えてもらわなかった」や「マスコミで取り上げない」などがあげられよう。

6 「そんな社会に住む、そんなあなたに、難民問題の解決に向けて、どんなことができるでしょう」と問いかけ、ふりかえりシートの⑤に記入する。

7 ふりかえりシートの⑤に記入した、具体的な取り組みについて、グループ内で発表する。

8 ふりかえりシートの⑥に気づいたこと、感じたことを記入する。

発展的学習
私たちにできることを考えよう
1 世界で多くの難民を出している国々や日本に難民申請に来ている人の出身国の状況について調べよう。

2 難民を受け入れる際にどのようなことが大切か、次のようなテーマで調べよう。
「難民認定基準や難民申請者保護について」
「難民認定後の社会統合について—教育機会や職業訓練について」
「難民問題の啓発キャンペーンについて」

3 現在、日本で難民申請をしている人たちや支援している人たちに会いに行き、自分たちに何ができるかを調べよう。

参考
大阪では難民支援団体「RAFIQ」(ラフィック http://rafiq.jp/)、東京では「難民支援協会」(http://www.refugee.or.jp/)が、入管に収容中や仮放免中の難民申請者にたいして法的支援や生活支援をおこない、難民についての政策提言、調査・研究活動、広報活動もおこなっている。また、「ネオ難民カフェネットワーク」は大阪で毎月「難民カフェ」を開催し、当事者の難民に加え、弁護士、大学生ら市民が集い、難民の現状や日常生活の困りごとについて話し合っている(149頁のコラム参照)。

ワークシート❶
クイズで考えよう

Q1. バレンタインチョコレートと特殊相対性理論との関係は？

阪神御影駅・バレンタイン広場前のバス停　　　　奈良ホテルにあるアインシュタインの弾いたピアノ

Q2. 世界にどれくらいの難民がいるでしょうか？（以下質問はすべて2014年末の数）。

　　　180万人　　510万人　　1,950万人　　3,820万人　　5,950万人

Q3. 難民を出している数の多い国を3つあげなさい。

Q4. 世界のほとんどの難民は豊かな先進国へ逃れてきているでしょうか？
　　　また、庇護している難民の数が多い国3つをあげなさい。

Q5. 日本へ庇護を求める難民申請者の出身国の多い国3つをあげなさい。

Q6. 日本にたどり着いた難民は、政府からすぐに援助をもらえるでしょうか？

Q7. 日本の難民認定率（難民認定数の認定処理数に占める割合）は何％でしょうか？
　　　　　　0.2%　　　　4.4%　　　　28.7%　　　　49.2%

Q8. 難民の定義は何だと思いますか？

Q9. 難民保護で最も重要なノン・ルフルマンの原則とはどのような原則でしょうか？

クイズの解答

Q1. 日本で初めてバレンタインチョコレートの広告を出した神戸モロゾフ製菓株式会社を設立したのはフョードル・ドミートリエヴィチ・モロゾフで、ロシア難民です。彼はロシア革命の混乱の最中、政治的意見の違いから迫害を恐れ、ロシアから中国、アメリカを経て、1922年に日本の神戸へと逃れてきました。写真は、「聖バレンチノ教会」のあるスイス・テルニ市と神戸市との交流を記念して、阪神御影駅前・バレンタイン広場前のバス停です（参考：UNHCR NEWS NO.24）。

　また、特殊相対性理論で知られるアルバート・アインシュタインは、ドイツ・ヒットラー時代にユダヤ人としてナチスからの迫害を怖れ、1932年にアメリカへと逃れた難民です。その後、研究に励むかたわら、彼と彼の妻はドイツにいるユダヤ人のために絶え間なく働き続け、多くの難民のためにビザの申請をおこなったり、保証人になったりしました。写真は、彼が1922年に来日し、奈良ホテルに宿泊した折に弾いたピアノです。現在、ホテルのロビーに展示されています（参考：UNHCR　Prominent Refugees）。

（いずれも肥下彰男撮影）

Q2. 難民（refugees）の数は1,950万人です。そのうちの510万人はパレスティナ難民の数です。5,950万人は世界で強制的な移動と避難を余儀なくされている人（第二次世界大戦後、最多）で、3,820万人は国内避難民（internally displaced persons　戦争や人権侵害によって住む土地を離れざるをえないが、国境は越えていない人びと）、180万人は庇護申請者（asylum-seekers　難民と認められるのを待っている人びと）の数です。福島原発の事故で居住地から離れることを強いられている人も「国内避難民」と考えられます。

Q3. ①シリア（388万人）、②アフガニスタン（259万人）、③ソマリア（111万人）です。この3カ国で世界の難民の53％になります。

Q4. 受入国は①トルコ、②パキスタン、③レバノンなど、全難民の86％を発展途上国で庇護しています（Q2〜4はUNHCR Global Trends 2014参考）。

Q5. ①ネパール（1,293人）、②トルコ（845人）、③スリランカ（485人）、④ビルマ〈ミャンマー〉（434人）、⑤ベトナム（294人）、⑥インド（225人）。

Q6. いいえ。まず、日本政府に「難民」と認定される必要がありますが、審査には時間がかかります。難民認定申請をしてから6カ月は働くことも認められていないので、所持金がなくなりホームレス状態になる人もいます。祖国での迫害を恐れて、偽造パスポートで入国した人や、入国ビザがない人も、外国人収容所に入所させられます。とりあえ

ず、観光ビザで入国した人も期限を過ぎてから申請しようとすると、長い人で2年間も収容されます。

Q7. 0.2％です。2014年の日本における難民認定申請者5,000人（認定処理数3,169人）のうち一次手続きで難民と認定された人は6人で、アフリカ出身が3人、それ以外が3人でした。6人のうち1人は裁判所により、難民不認定処分が取り消された人であり、残り5人のうち3人は一家族であることから、認定件数はわずか3件です。そして、異議審査で難民と認定された者5人とを合わせても11人に過ぎません。難民認定率は、一次手続きで認定された数の認定処理数（認定・不認定・取り下げ数を加えた数）の割合です。各国の難民認定率は、韓国（87人、4.4％）、フランス（12,391人、18.0％）、ドイツ（31,042人、28.7％）、カナダ（9,870人、49.2％）、となります（参考：UNHCR Global Trends 2013）。

Q8.「人種、宗教、国籍若しくは特定の社会的集団の構成員であることまたは政治的意見を理由に迫害を受けるおそれがあるという十分に理由のある恐怖を有するために、国籍国の外にいる者であって、その国籍国の保護を受けることができない者またはそのような恐怖を有するためにその国籍国の保護を受けることを望まない者」（難民条約第1条A(2)項）

Q9.「締約国は、難民を、いかなる方法によっても、人種、宗教、国籍もしくは特定の社会的集団の構成員であることまたは政治的意見のためにその生命または自由が脅威にさらされるおそれのある領域の国境へ追放しまたは送還してはならない」（難民条約第33条1項）

解答を見て、気づいたことを話し合って書いてください。

ワークシート❷

「迫害」って何?

★迫害の状況表

a) 自分の信仰する宗教の教義をおこなうことが法律違反になり、私は自分の信仰する宗教の教義に従うことができない。	**b)** 私の兄は政府とは異なる意見をもつために投獄されている。
c) 自分の国を出ていきたいが、そうすることは法律に違反しているため、できない。	**d)** 私のもつ政治的な考えを理由に逮捕される危険性がある。この国では拷問がよくおこなわれている。
e) 私は労働組合で活動している。私の町で別の労働組合員が行方不明になり、その後他殺体となって発見された。	**f)** 公共の場で自分の言語を話すことが許されていない。また自分の子どもを自分の言語で呼ぶこともできない。
g) 私の両親は私が結婚したくないと思っている人と強制的に結婚させようとしている。	**h)** 農地をもっと購入したいが25ヘクタール以上の土地を所有することは法律で禁止されている。
i) 私の国では兵役義務があるが、私は軍隊に入りたくない。私は自分の国の軍がおこなっていることは間違っていると思う。	**j)** ある民族の一員であるために今までも攻撃を受けてきている。また同じように攻撃されるのではないかと恐れている。
k) 私はゲイだが私の国では同性の人をパートナーとすることは違法であり、刑務所に入れられる。私が村でゲイだと知られたら家は焼き払われ、村から追い出されるだろう。	**l)** 私の住んでいる地域では女子は学校に行くべきではないと考えているグループがいて、実際に学校に通っていた友人がそのグループから発砲され大けがをした。
m) 私が今より良い仕事に就くことができないのは、私がある宗教集団の一員であるということが履歴書でわかるからだ。	**n)** 私は2人目の子どもを妊娠したが、国は一人っ子政策をとっているので、強制的に堕胎させられるかもしれない。
o) 私は夫から家庭内暴力(DV)を受けている。それを警察に相談しても相手にされない。	**p)** 私は強盗殺人を起こしてしまったので、この国の法律では死刑になるかもしれない。
q) 私の住んでいる地域では、12歳になると女性性器切除(FGM)の風習がある。命を落としたり、感染症になる人もいるので恐い。	**r)** 私の住んでいる島は地球温暖化の影響で年々海水面が上昇していて、近いうちに沈んでしまいそうだ。

1 次頁の資料①のAにある日本における裁判所の定義だと、どの事例が当たるでしょうか?

2 次頁の資料①のBにあるUNHCRの定義だと、どの事例が当たるでしょうか?

資料① 「迫害」について

A. 日本の裁判所で主に採用されている「迫害」の定義

「迫害」とは、通常人において受忍し得ない苦痛をもたらす攻撃ないし圧迫であって、生命又は身体の自由の侵害又は抑圧を意味する（東京地方裁判所判決、1989年）。

B. UNHCR『難民認定ハンドブック』での「迫害」の定義

(2) 迫害を受けるおそれがあるという十分な理由のある恐怖

(b) 迫害

51. 人種・宗教・国籍、政治的意見又は特定の社会集団の構成員であることを理由とする生命又は自由に対する脅威は常に迫害にあたると推論される。同様な理由によるその他の人権の重大な侵害も迫害を構成するだろう。

53. それ自体としては迫害といえないような様々な措置（例えば様々な形態の差別）に服していたり、またいくつかの事案においてはその他の不利な要因とからまっていたりする。こうした状況のもとでは、申請人の内心に「蓄積された根拠」により迫害を受けるおそれがあるという十分に理由のある恐怖を有したといえる。これは、特定の地理上、歴史上および民族上の文脈を含んだすべての事情によるものであろう。

(c) 差別

54. 差別が迫害に当たるのは、差別的措置が当該者にとって本質的に偏見性のある結果を招来するとき（例えば、生計を維持する権利、宗教を実践する権利又は通常は利用しうる教育施設で学ぶ権利に対する重大な制約）には、迫害になるだろう。

(d) 刑罰

57. 普通犯罪を犯した者が過酷な刑罰を科せられるかもしれず、これは定義の意味での迫害に当たるだろう。

(f) 難民と区別される経済的移民

62. 純然たる経済的な考慮から移動するときは、経済的移民であって難民ではない。

63. 経済的措置が人口の特定部分の経済的依存を破壊するような場合（例えば、特定の民族的又は宗教的集団から交易の権利をとりあげ、又は差別的若しくは過剰な課税をすること）には、その被害者は、その事情にもよるが、その国を去れば難民となるだろう。

(g) 迫害者

65. 地域住民により重大な差別的又はその他の攻撃的な行為が行われる場合であって、それが故意に容認され、又は当局が効果的な保護を与えることを拒否し若しくはできないときは、そのような行為は迫害にあたる。

資料②　日本における難民認定審査

難民認定申請は地方入国管理局に提出、決定は法務大臣

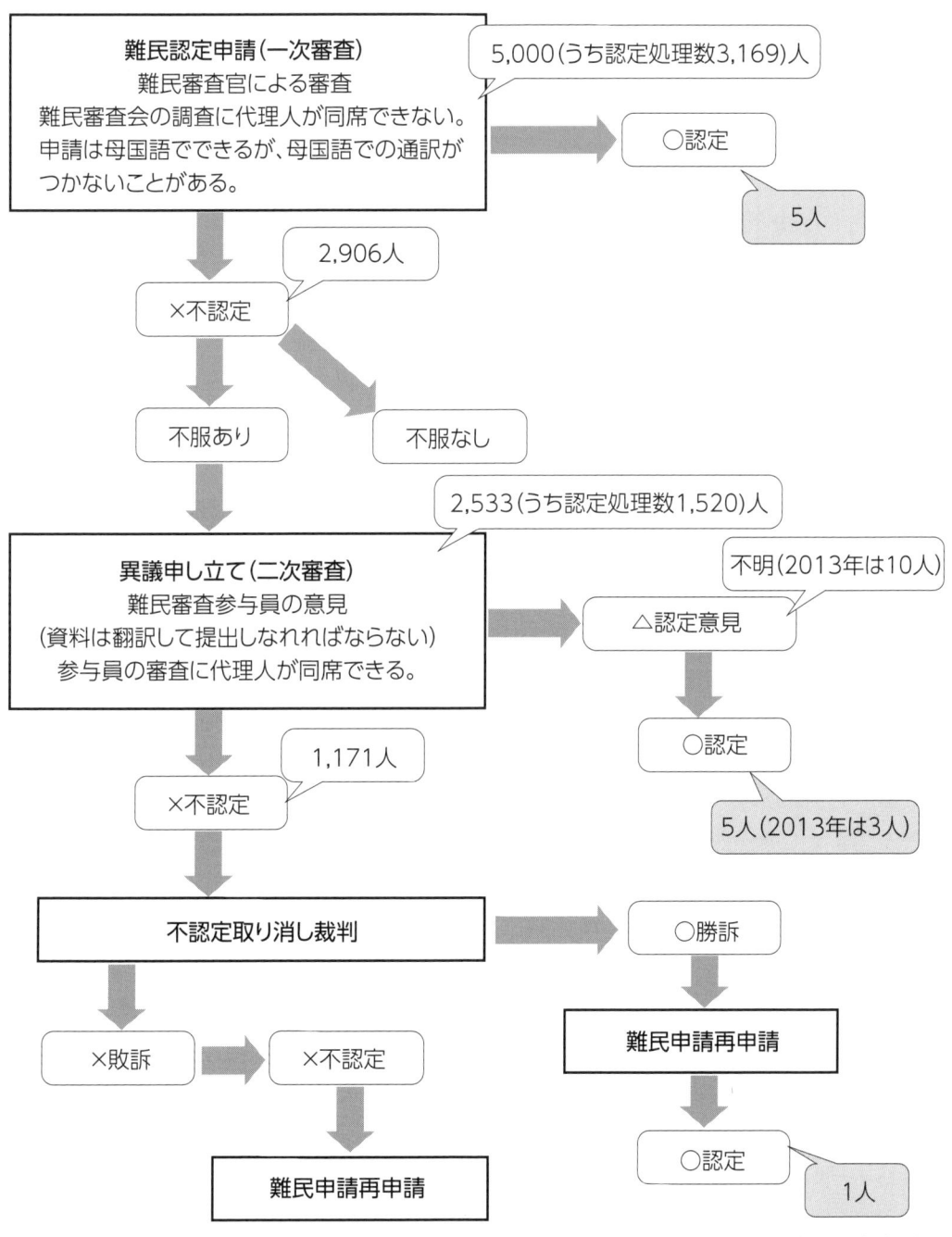

```
┌─────────────────────────────┐
│ 難民認定申請（一次審査）      │   5,000(うち認定処理数3,169)人
│ 難民審査官による審査          │ ─────────────────→  ○認定
│ 難民審査会の調査に代理人が同席できない。
│ 申請は母国語でできるが、母国語での通訳が            5人
│ つかないことがある。          │
└─────────────────────────────┘
         │
         ▼         2,906人
      ×不認定 ───────────→ 不服なし
         │
      不服あり
         │
         ▼                  2,533(うち認定処理数1,520)人
┌─────────────────────────────┐
│ 異議申し立て（二次審査）      │ ──────→ △認定意見  ← 不明(2013年は10人)
│ 難民審査参与員の意見          │              │
│ （資料は翻訳して提出しなれればならない）       ▼
│ 参与員の審査に代理人が同席できる。           ○認定
└─────────────────────────────┘              5人(2013年は3人)
         │        1,171人
         ▼
      ×不認定
         │
         ▼
┌─────────────────┐
│ 不認定取り消し裁判 │ ────→ ○勝訴
└─────────────────┘          │
     │                       ▼
     ▼                  難民申請再申請
   ×敗訴 → ×不認定          │
              │              ▼
              ▼           ○認定
         難民申請再申請       1人
```

RAFIQ作成『難民についてもっと知りたい！』（2014年2月改訂版）をもとに2014年法務省発表および全国難民弁護団連絡会発表の数字より筆者作成

資料③　ケーススタディ…ビルマ難民・マウンマウンさん

　1988年、マウンマウンさんが高校3年生のときに、ビルマ（ミャンマー）で軍政と闘う全国規模の民主化運動が起こりました。マウンマウンさんも大学生が射殺されるのを目の前にして、同級生のTさんと一緒にデモに参加するようになりました。ところが、そのTさんが軍情報部に自宅で拘束されてしまいました。Tさんの母親の話によると、情報部はTさんとマウンマウンの2人が写っている写真をもっていて、Tさんには10年の刑が宣告されたとのことでした。マウンマウンさんは身の危険を感じて、1人で近郊の少数民族の村でしばらく隠れていました。いったん自宅に帰り、母親に国外に逃げたいと告げると、母親は住んでいた家を売ってお金をつくってくれました。マウンマウンさんは、そのお金でブローカーからパスポートと航空券を買い、タイ経由で韓国に逃げました。韓国でもビルマの民主化運動をする国民民主連盟（NLD）の活動に参加し、大使館前で抗議行動をおこないました。そして、韓国政府とUNHCRへ難民申請をしました。しかし、当時は韓国で難民認定される可能性は低く、強制送還の恐れもありました。日本で知人が難民認定を受けたことを知ったので、2001年に韓国から船で出国し、神戸港から日本に入国しようとしました。

　しかし、上陸時に密入国容疑で警察に逮捕され、取り調べ後に西日本入国管理センターに1年半の間、収容されました。入管センターではまるで刑務所のように自由のない生活でした。シャワーは週2回だけ。医者は常駐しておらず、歯が痛いことを訴えても痛み止めの薬を与えられるだけで治療もしてもらえません。隣室の外国人収容者が自殺したこともありました。そして、難民申請も不認定となり、異議申し立ても却下されました。不安な入管センターの生活で、唯一の希望は難民支援団体の人たちとの面会でした。そのときだけ、面会室に行くことができ、テレフォンカードや日本語のテキストの差し入れをもらうことができました。電話はかける時間と相手の名前をあらかじめ申請しておくとかけることができました。2003年に、UNHCRよりマンデート難民として認定され、ようやく入管センターから仮放免となりました。

　ところが、日本で難民認定されたわけではなく、大阪地裁での難民不認定・退去強制令の取り消し裁判では「民主化運動の幹部ではなく、当局からの迫害の危険性は低い」という理由で敗訴しました。その後、支援団体の人たちからの生活面や裁判所への控訴のための支援を受けて、2005年に大阪高裁で勝訴することができ、やっと法務省から難民認定を受けることができました。そして、国際救援センターで日本語指導を受けたあと、日本語を猛勉強して大阪府職業訓練校で自動車整備の指導を受けました。現在は、整備士2級の資格もとり、自動車整備士として大阪で働いています。

　2014年、仮放免の頃に他界した母の法要のために20年ぶりにビルマへ一時帰国し、きょうだいたちに元気な姿を見せることができました。

ワークシート❸
難民アートから考えよう

次の絵は、難民申請者たちが共同で描いた絵です。どんなことを表現していると思いますか？

	「月面のカゴの鳩」
	「それでもまだ生きている」
	「時計」

© Ouji Refugee Artwork

| ふりかえりシート | |

名前（　　　　　　　　　　　）

①あなたはこれまでの授業に参加して、難民問題についてどのように思いましたか？　次のうちから３つ選んで、○で囲んでください。

おどろいた	おもしろい	かわいそう	くだらない
腹が立つ	わけがわからない	しかたがない	心配だ
自分には関係ない	わくわくした	興味がない	悲しい
こわい	くやしい	うれしい	

②あなたはこれまで、難民問題について、どのように考えていましたか。

③難民問題に関心をもつことを妨げている個人的な要因は何ですか。

④難民問題に関心をもつことを妨げている社会的な要因は何ですか。

⑤そんな社会に住む、そんなあなたに、難民問題の解決に向けて、どんなことができるでしょう。

⑥感想

◉……解説

◉なぜ、難民問題を取り上げるのか

　難民条約は第二次世界大戦後間もない1951年に採択された「難民の地位に関する条約」と1967年に地理的・時間的制約を取り除いた「難民の地位に関する議定書」をあわせたものです。この条約締結の背景には、ナチス・ドイツによる「迫害」や東西冷戦による政治的緊張の高まりがありました。この条約の理念は、国家が自国の市民を重大な危害から保護し（でき）ない場合には国際社会（他国）が代わって保護するというものです。

　現代の日本における難民とのかかわりは、1975年、ベトナム戦争終結後、新体制下での迫害を恐れてベトナムを脱出したボートピープル9人が米国船に救助され、千葉港に到着したことから始まりました。これが、日本に到着した最初のベトナム難民でした。しかし、日本政府は彼らに対して、「水難上陸」の許可しか与えず、そういった日本政府の態度に対して内外から厳しい批判が寄せられました。

　その後、1978年、日本政府は閣議了解により日本に「一時滞在」するベトナム難民の「定住許可」を認めることとなり、その対象はラオス、カンボジアも含めたインドシナ難民に拡大されていきました。このように難民を受け入れるようになった日本政府は、人権に関する国際条約にも加入せざるをえなくなり、1979年、国際人権規約に加入、1981年には難民条約に加入（1982年発効）し、難民認定制度を設けることとなったのです。そして、この難民条約の加入により、在日外国人の社会保障制度の見直しがせまられ、国民年金法と児童手当三法（児童扶養手当法・特別児童扶養手当法・児童手当法）から国籍条項が撤廃されることになりました（ただし1982年当時、20歳以上だった障害者は障害者福祉年金や、36歳以上だった人は被保険者期間不足で老齢年金の受給資格が与えられなかった。しかし、1986年の法改正により、老齢年金については未加入期間を加入していたとみなす「カラ期間制度」が設けられたため、カラ期間は年金額に反映されないものの、60歳未満ならば実際に加入した期間を合わせて25年以上あれば老齢基礎年金の受給資格を得ることができるようになった）。

　また、国際人権規約を批准した日本政府は、その後も、女性差別撤廃条約（1985年）、子どもの権利条約（1994年）などを批准するようになりました。そして、このように条約の締結国になることによって、国内法も整備されていくことになりました。女性差別撤廃条約を批准した結果、国籍法が父系から父母両系になり、男女雇用機会均等法ができることとなります。また、人種差別撤廃条約に加入することにより、アイヌ文化振興法ができたのです。

　このように、私たちに国際基準の人権に対する眼を開かせるきっかけとなったのが難民問題なのです。つまり難民問題を取り上げることは、まさに学習者がみずからの人権意識を問い直し、一人ひとりが他者を大切にする社会の構築のために、自分に何ができるかを考える授業実践となるのではないでしょうか。

◉現在の日本の難民受け入れ状況

　インドシナ難民定住受け入れについては、「人道上の国際協力という面のみならず、アジアの

安定という面からも重要と考えられたため、我が国が難民条約に加入する以前から、同条約とは異なった立場において実施」（外務省）しているものであり、個別の難民性についての審査はおこなわずに、一時庇護国から受け入れた「第三国定住」や家族再会のための「合法出国計画（ODP）」等も含めて1万1,319人を受け入れてきました。

　日本の難民認定制度は1982年以来、20年間大きな変更なく維持されてきましたが、2001年、9.11同時多発テロ事件の直後に、入国管理局がアフガニスタン難民申請者を一斉収容するという強行措置をとり、大きな問題となりました。また、2002年5月の中国・瀋陽駆け込み事件は、いかに日本が難民申請者に冷たい態度をとっているかを世界に広く知らせしめることとなりました。これらの事件を経て、2004年に「出入国管理及び難民認定法」が改正され、それまでの大半の不認定理由であった「60日ルール」（難民となるべき事情が生じてから60日以内に難民申請をしなかった場合、原則として難民と認めない）が撤廃され、また、「難民認定参与員制度の新設」「仮滞在許可制度の新設」などの法改正が進められてきました。

　しかし、1982年以降2014年までの「条約難民」の認定数はわずか633人にすぎません。特に、2013年の難民認定申請者数は3,260人（2014年は5,000人）でしたが、難民として認められたのはわずかに6人（2014年は11人）でした。難民としては認定せずに人道的配慮が必要として在留資格を認めた者は52人のシリア人を含む151人（2014年は110人）いますが、難民認定者とは同様の権利を有していません。また、法務大臣が難民審査参与員の多数意見を覆した事例が4件7人にのぼることも報道されています。「仮滞在許可制度」についても、多数の除外条項が大きな障害となり、実務上の許可率は低迷しているのが実態です。特に、390万人以上が難民となったシリア内戦は「今世紀最悪の人道危機」だとして、多くの国がシリア難民を積極的に受け入れていますが、日本は2014年12月に初めて3人を難民認定したにすぎず、2015年3月には4人のシリア人が難民認定訴訟を起こしています。

　このような状況のなかで、法務大臣の私的諮問機関である第6次出入国管理政策懇談会・難民制度に関する専門部会が2014年12月に「難民認定制度の見直しの方向性に関する検討結果（報告）」を出しています。また、日本弁護士連合会は、「難民認定制度及び難民認定申請者等の地位に関する提言」のなかで、「1. 適性かつ迅速な難民認定のための方策、2. 申請者の地位・収容及び送還、3. 難民認定者及び人道配慮者の地位」について提言しています。日本の難民保護制度が、一刻も早く国際的な人権基準に則ったものになることが望まれます。

参考文献

Jill Rutter, *Refugees: We Left Because We Had to*, London, 1996
渡邊彰悟他編『日本における難民訴訟の発展と現在』現代人文社、2010年
難民研究フォーラム編『難民認定ジャーナル』第2号、第4号、現代人文社、2012、2014年
日本弁護士連合会「難民認定制度及び難民認定申請者等の地位に関する提言」2014年
http://www.nichibenren.or.jp/library/ja/opinion/report/data/2014/opinion_140221_2.pdf

〈山中信幸・肥下彰男〉

コラム 私たちの出会った難民と支援

RAFIQ（ラフィック）とは、2002年に発足した関西の在日難民支援団体で、ペルシャ語、アラビア語で「友だち」という意味です。

私たちが支援した事例を紹介します（難民の状態については2015年4月現在）。教材のケーススタディで紹介されているマウン マウンさんに対しても、入国管理センターへの面会や難民不認定取り消し裁判の傍聴や署名集めなどの支援をおこなってきました（ホームページ http://rafiq.jp/）。

●ナイジェリア難民 　（難民不認定決定。裁判準備中）

ナイジェリア北部のキリスト教徒。イスラム急進派「ボコハラム」（西洋の教育は罪）に家族全員（父、母、妹）が殺された。関西空港で入国時の宿泊先が書いていないため入管法違反で捕まり入国管理局に収容。収容されてから難民申請。【RAFIQの支援】入国管理センターへの面会と共に仮放免のための保証人、住所、申請書作成、保証金などを支援。シェルターの支援、食料支援、日本語などの支援。難民認定については弁護士を紹介し、資料作成などをおこなう。

●アフガニスタン難民 　（難民不認定取り消し裁判中）

独学で英語を勉強し日本のNGOの現地スタッフになったが、外国のNGOを手伝っていることやハザラ人であることからタリバンから目を付けられ、イスラム教徒ではないとの疑いをかけられて襲われる。【RAFIQの支援】難民不認定が決定してから連絡が来たので、「不認定取り消し裁判」や再申請のためのアドバイス、弁護士の紹介資料作成などをおこなう。

●アフリカ難民 　（難民申請中）

17歳のときに家が貧しかったので勉強もできると思い軍隊に入った。少年兵は紛争の前線に出されたので命が危ないと思い逃亡。しかし、捕まって軍法会議にかけられ拷問を受ける。何回か試み、やっと逃亡することができた。観光で入国し難民申請。【RAFIQの支援】申請後、6カ月は仕事ができないのでシェルターでの住居の提供と食料支援などをおこなった。また、難民申請インタビューのための資料作成など手伝う。

●パキスタン難民 　（難民不認定。異議申立中）

パキスタンとアフガニスタンの国境の「FATA」（部族長支配地域）出身。女の子のための学校を私費でつくったがタリバンが来て、破壊、本人もタリバンに拉致される。知り合いのつてで日本に来たが、オーバーステイになっていたため入管法違反で捕まり、入国管理局に収容。収容されてから難民申請。【RAFIQの支援】シェルターでの住居などの支援。難民認定については弁護士を紹介し、資料作成などをおこなう。

〈田中恵子〉

おわりに

　2011年末、国連総会で採択された「人権教育および研修に関する国連宣言」（17頁に掲載）には、エンパワー、あるいはエンパワメントという言葉が3回登場します。エンパワメントとは、変化をもたらすための内的な力（個々に内在する能力、行動力、自己決定力）を取り戻す、という意味です。人権教育が、なぜエンパワメントなのでしょうか。それは、みずからの（そして誰もがもつ）権利を学ぶことによって、自分自身が尊厳をもつ大切な存在だと実感できるようになり、そして、みずからが権利の主体だと思えるとき、差別や抑圧を内包する社会を変えられる、という思いを強めることができるからです。

　世界人権宣言についての学習はもちろん、障害者、女性、外国人……など、マイノリティの人権についての学習も、けっして「自分には関係のない誰か」の問題としてではなく、学んでほしいと思っています。教室のなかには、必ず、見えないマイノリティの当事者がいます。レッスンプランを活用した人権教育が、マイノリティのエンパワメントにつながるように、そして、すべての生徒が、共に差別や排除の問題に向き合える、同じコミュニティの一員として、エンパワメントする機会となるように、と願っています。

　ところで、本書では、部落問題をはじめ、沖縄、先住民……など、取り上げきれなかった課題がたくさんあります。例えば、国際人権規約については、その早期批准を求める広範な市民運動において、部落解放運動も大きな役割を果たしました。部落差別がもたらしてきた（いる）人権侵害を、国際人権規約という視点からとらえなおしてみることは、部落差別の撤廃を求める人びとの声と運動を、国際社会とのつながりのなかで、同じ志をもつ世界の人びととのつながりのなかで、とらえ返すことにつながるでしょう。

　本書のレッスンプランは「入り口」にすぎません。国際基準の視点から、さまざまな身の回りの問題をとらえ、人権教育をより豊かなものにしていただければ幸いです。

　最後に、本書の完成までの長い道のりのなかで、専門家の視点からのご助言や、資料の提供をいただいた、在間秀和さん（弁護士）、平野裕二さん（子どもの権利活動家・翻訳家、Action for Rights of Children代表）、日本キリスト教団王子教会難民アートセラピー様、難民・移住労働者問題キリスト教連絡会（難キ連）のみなさまに、心よりお礼申し上げます。またフィリピンの人権活動家であり、私の大切な友人が装画を描いてくれました。語り、描き、演じながら人権を伝えるアルマンド・リドン-パラガットさんの実践から、私自身がたくさんの示唆を受けました。

　2015年8月　　　　　　　　　　　　　　　　　　　　　　　　　　　　阿久澤麻理子

編著者紹介

●編者

肥下彰男（ひげ あきお）
大阪府立高校教員。学生時代よりシャプラニール＝市民による海外協力の会で活動。共著書に『反貧困学習─格差の連鎖を断つために』『〈働く〉ときの完全装備─15歳から学ぶ労働者の権利』（いずれも解放出版社）がある。

阿久澤麻理子（あくざわ まりこ）
大阪市立大学大学院創造都市研究科教員。上智大学在学時、難民問題との出会いをきっかけに海外協力に関心をもつ。卒業後、手描き友禅工房、曹洞宗国際ボランティア会（現〈公社〉シャンティ国際ボランティア会）を経て、1998年より姫路工業大学教員（2004年改組により兵庫県立大学）、2011年より現職。共著に『人権ってなに？ Q＆A』、単著に『人はなぜ「権利」を学ぶのか─フィリピンの人権教育』（いずれも解放出版社）ほか。

●執筆者（執筆順）

肥下彰男
阿久澤麻理子
松波めぐみ（まつなみ めぐみ）（公財）世界人権問題研究センター専任研究員
徳丸ゆき子（とくまる ゆきこ）大阪子どもの貧困アクショングループ〈CPAO/シーパオ〉代表
三輪敦子（みわ あつこ）（公財）世界人権問題研究センター研究員
朴君愛（ぱく くね）（一財）アジア・太平洋人権情報センター研究員
藤本伸樹（ふじもと のぶき）（一財）アジア・太平洋人権情報センター研究員
山本崇記（やまもと たかのり）静岡大学教員
山中信幸（やまなか のぶゆき）川崎医療福祉大学教員
田中恵子（たなか けいこ）RAFIQ（在日難民との共生ネットワーク）共同代表

●協力

一般財団法人アジア・太平洋人権情報センター（ヒューライツ大阪）
〒550-0005 大阪市西区西本町1丁目7-7 CE西本町ビル8階
TEL 06-6543-7002（総務）/ 06-6543-7003（企画） FAX 06-6543-7004
http://www.hurights.or.jp/japan/

地球市民の人権教育── 15歳からのレッスンプラン

2015年10月30日 初版第1刷発行
2017年 1月20日 初版第2刷発行

編著者　　肥下彰男 ©　阿久澤麻理子 ©
発　行　　株式会社 解放出版社
　　　　　〒552-0001　大阪市港区波除4-1-37　HRCビル3F
　　　　　TEL06-6581-8542　FAX06-6581-8552
　　　　　東京営業所　千代田区神田神保町2-23　アセンド神保町3F
　　　　　TEL03-5213-4771　FAX03-3230-1600
　　　　　振替00900-4-75417　ホームページ http://kaihou-s.com
　　　　　装幀　森本良成　　レイアウト　伊原秀夫
印刷・製本　モリモト印刷株式会社

定価はカバーに表示しております。落丁・乱丁はお取り換えします。
ISBN978-4-7592-2159-6　NDC375　150P　26cm

解放出版社の本

人権ってなに？ Q&A
阿久澤麻理子・金子匡良 著

A5判　150頁　定価1500円＋税
ISBN978-4-7592-8361-7

「人権とは何か」のわかりやすい入門書。人権の意味や歴史、義務との関係、自由平等との違いといった人権の概念を知り、ジェンダーや子ども期の発見、国際条約や国内への影響、人権教育への検証や取り組みのヒントなどを学ぶ。

〈働く〉ときの完全装備　15歳から学ぶ労働者の権利
橋口昌治・肥下彰男・伊田広行 著

B5判　126頁　定価1,600円＋税
ISBN978-4-7592-6733-4

働く人の権利や法制度を中高生から学ぶ教材集。カードでの労働法学習、未払い賃金、不当解雇、派遣や団体交渉などのテーマをロールプレイほかで学ぶワークシートと教師用解説

暮らしのなかの人権　人権学習シリーズ
（社）鳥取県人権文化センター 編著

A5判　84頁　1200円＋税
ISBN978-4-7592-6719-8

身近な暮らしのなかから人権とは何かを学ぶ体験型学習・研修の入門書。大事だけれど自分には無関係という人が多いことをふまえ、「幸せの条件」「憲法を活かそう」「新しい人権」など新鮮なオリジナルプログラムをワークショップをへて開発した。

現代世界と人権25
レイシズム　ヘイト・スピーチと闘う
2014年人種差別撤廃委員会の日本審査とNGOの取り組み

反差別国際運動日本委員会 編集・発行

A5判　290頁　定価2000円＋税
ISBN 978-4-7592-6766-2

2014年8月20〜21日に行われた人種差別撤廃委員会による日本審査の記録。今回で日本は同委員会の審査を3回受けた。日本における人種差別の懸念と勧告が提示される。　＊解放出版社発売